Karlheinz Deschner

Dornröschenträume und Stallgeruch

Über Franken, die Landschaft meines Lebens

KNESEBECK & SCHULER

CIP-Titelaufnahme der Deutschen Bibliothek
Deschner, Karlheinz:
Dornröschenträume und Stallgeruch : über Franken, die Landschaft meines Lebens / Karlheinz Deschner. – München : Knesebeck u. Schuler, 1989
ISBN 3-926901-14-4

Umschlaggestaltung Hanno Rink & Team 86, München, unter Verwendung eines Fotos von Anton Kaiser
Gesetzt aus der Bembo bei der
Utesch Satztechnik GmbH, Hamburg
Druck und buchbinderische Verarbeitung Pustet, Regensburg
Printed in Germany

Inhalt

Vom Spessart
7

Was Franken an den Himmel schreibt
Steigerwald, Spessart, Frankenwald, Fichtelgebirge
15

Dornröschenträume und Stallgeruch
Rothenburgs arme Verwandte am Main
39

Dettelbach – Trauma meiner Kindheit
55

Von Bamberg, wilden Enten und zahmen Heiligen
73

Ebenso unwiderstehlich wie unausstehlich:
Jean Paul und Max Stirner
93

Die Fränkische Schweiz
109

Die Haßberge
»Land der Schlösser, Burgen und Ruinen« – ein Land abseits,
Land der Stille
129

Franken, mein Vaterland
159

Editorische Notiz
195

Vom Spessart

Die Kelten bauten ihre Wälle bloß an seinen Rand. Auch die Römer ließen ihn links liegen, marschierten stets längs der »nassen Grenze«, von Großkrotzenburg flußaufwärts, von Miltenberg hinab. Urtümlich war er, menschenleer, ein einziger Eichwald; Wildschwein und Bär nur durchstreiften ihn, Hirsch, Wisent, Auerochs, Luchs. Wann drang Adam da ein, begann er zu herrschen über die Fische im Wasser, die Vögel unterm Himmel und alles Getier im Wald – im Spetheshart, Spechtshardt, im Spechtswald?

Vil lieber herre min,
Ich wande, daz daz pirsen hiute solde sin
Da zem spetheshrte...

Wohin immer Hagen von Tronje unsern Siegfried gelockt haben mag, der Mensch kam als Jäger hierher, selbst in Gestalt der Seelenhirten von Mainz. Seit der Jahrtausendwende Oberherren des Gebirgs, schlugen sie im dreizehnten Jahrhundert ihre Rivalen, die Grafen von Rieneck, aufs Haupt und machten den Spessart zu ihrem Revier.

Elende Fronflecken entstanden, reizende Jagdsitze, bloß zur Jagdzeit bewohnt; immer stattlichere Edelhäuser und Kastelle, immer glänzender die Feten, die Safaris, immer erbärmlicher die Misere des Volks – zuerst nur am Rand des Dorado geduldet, dann stets der Hatz nach, dem großen Halali, in enge Talsohlen, Talkessel gepfercht, halbversklavtes Personal, Helotenpack bloß für die in ihren Zwingburgen nistenden Schranzen der Mainzer: zirka zwanzig meist blaublütige Forstmeister, die Wächter ihres Walds, ihres Wildparks, ihrer Fischgewässer; das ganze Mainviereck ein halbes Jahrtausend den Passionen kurmainzischer Prälaten reserviert. Dem »Mob« aber verargte Kardinal Albrecht 1518 sogar die Aufzucht von Enten, durchaus nicht gewillt, »unsern walt, den Spechtshart, der nit das geringst unser und unsern stifts Maintz cleinot ist, dermaßen verwüsten zu lassen«.

Nur Wald-, nur Wildfrevel rettete da vielen das Leben. Im Spessart sind die Leute sehr arm, notiert Immermann 1837. Und 1852 findet dort Virchow, der berühmte Pathologe, als staatlicher Gutachter fast lauter verqualmte Behausungen, Hütten ohne Schornstein; Wohnstube, Scheune, Viehstall oft unter einem Dach; alles rings in Mist versunken. Die Hirsche aber gediehen weiter auf den Wiesen, die Herren in den Wasserschlössern. Doch sicherte der Feudalismus den Bestand eines der größten zusammenhängenden Forste Deutschlands.

Über tausend Quadratkilometer wallt er hin, über Hügel und Gründe, Hänge und Hochplateaus, sich erhebend, versinkend, winkend, über den Aubach, den Faulbach, den Haslochbach, über Elsava, Hafenlohr, Bieber und Sinn, im Norden mehr Fichten, Föhren, im Süden Buchen, nie auch nur sechshundert Meter hoch, eher eigentümlich zuweilen als schön, ziemlich eintönig, ungegliedert, bloß spärlich überschaubar, ein grünes entrücktes Labyrinth – melodische Kuckuckssommer, Herbste wie alte Gobelins, schneeverschwiegene Winter, ach, und die lautlosen Explosionen des Frühlings in seinen Tälern … Wald, einst für das Wild nur, die Jäger, Räuber, die Dichter, die ihn bereisten, besangen, zu seinen Füßen geboren wurden, vermodern, Hans Sachs und Grimmelshausen, Friedrich Schlegel, Wilhelm Hauff, Karl Immermann, Brentano, Heinse:

Wie Merlin
Möcht' ich durch die Wälder ziehn ...

Noch auf der Autobahn, die diagonal bei Rohrbrunn sein Herzstück durchschneidet, mag manchen jäh ein naher Waldsaum rühren, ein meerblau verfließender Weitblick vielleicht, die sanfte Hypnose des Haseltals, das harmonische Wogen dort der Hügel, weichgewölbt und dichtbewaldet, ringsum schwingend bis zum Horizont.

Man kann ihm näherkommen, seine ältesten Fernwege wählen. Die Birkenhainer Straße, von West nach Ost, von Hanau nach Gemünden; freilich bloß zum Wandern. Oder den Eselsweg, der Nord und Süd, Orb, die Saline, mit Miltenberg verband, zum Teil ausgebaut nun, befahrbar. Viel intimer gleich, friedlicher alles. Entzückte Vogelschreie durchs offene Verdeck, blauschattige Apfelbaumstraßen, wegschmelzende Birken, die Schnörkel eines Bachs. Manchmal ein Gasthaus, verschlafen, mitten im Wald. Ein einsamer Bauernhof auf der Höhe, der Kiel seines Walmdachs vor den Wellen der Wälder, wie ein Luftschiff, das abheben, segeln möchte, fort und hinaus. Dann wieder eine Mühle, unverhofft, verschollen fast, nur ein großes Rad, das sich dreht, sich dreht ...

Wo steigen wir aus? Hauptsache allein. Weitab von jedem Spielplatz, Trimm-dich- und Naturlehrpfad. Wald als Sportfeld. In Festmetern, Spitzenerlösen. Rauschen für die Industrie. Fort auch von allen Tierhegern und -schießern und sonstigen Idealisten, Campern, geselligen Wasserratten, Zünftigem mit frohen Liedern auf den Lippen, das Wa-a-a-ha-ha-ha-an-därn, das Waaahn-därn, das ... Nein. Wenigstens im Wald allein! Im sonnzersplitterten Gewirr der Laubgewölbe, unter Eichenriesen, scheuen Fichtenträumen, stets nur dem eignen Gusto nach, dem grünen Sog, ziellos beinah wie der Wind. Ein Bussardruf manchmal, ein Spechtsgelächter, ein flüchtendes Reh. Und immer dies leise Ziehen in der Luft, im Ohr, im Kopf, der Ton, schwellend und fallend, als käme er wie von fern her zu sich, von Höhe zu Höhe, von Wald zu Wald, uraltes Erinnern und Vergessen zugleich. Entstammt der Mensch nicht den Bäumen? Sprach Zeus nicht daraus? Lautlos brodelt's in Gräsern und Moos. Faun steigt durchs Gesträuch, bläst kleine Falter über helle Blößen und sieht mit goldnen Augen hinterher – und Schlehenwolken über schlanken Wiesen, der Duft von süßen heißen Himmeln dann im Hirn, Dryaden, ach, Elfen. Und immer dieser Ton, indes die Sonne schräger die grauen Baumgesichter trifft, mit blaßren Fingern durch die Stämme greift, nur oben noch das Wehn, das Horn des Winds, des Walds, der Welt, der Ton, der Ton, ich höre ihn

> Unsterblich durch die Wälder fliehn –
> Weit über mir, weit unter mir und weit weg
> ruft Merlin ...

Doch auch die Schlößchen sollten wir sehn, jene ländlich heitren, laubumgrünten Zwingfesten von einst, Weiler etwa, Oberaulenbach und, das kostbarste von allen, Mespelbrunn, stumm über seinem Märchenspiegel in sich selbst versunken und verliebt, nie schöner als im Herbst vielleicht, wenn Nachmittag die fahlen Wände rötet, der Bergfried so rundum dem Zauber entsteigt, Mespelbrunn, Mespelbrunn, immer schaut der Turm rundum, ein Verwunschner, gewiß, ein Graf, ein Ingelheim, ein Echter, versteint und unerlöst, ein einziges Warten wer weiß worauf, während mürb der Wald ins unbewegte Weiherwasser taucht, auf dem die weißen Schwäne träg sich drehn.

Anderwärts aber, gar nicht weit, das Fundament kurmainzischer Kultur – samt den Folgen. Bruchbuden, noch immer bewohnt. Und dazwischen, grausiger fast, der Fortschritt! Blickfängerisch herausgeputzt, in jeder Façon, irr ineinandergekeilt, ältestes Elend, jüngste Abscheulichkeit, Spessart-Pils, Hollywood-Schaukel, Jauche. Allerlei sommerfrische Kunst dazu, diskret an der Hauswand, wie das Krausenbacher Kolossalgemälde: Hirsch nebst Kuh mit religiöser Brunst auf gipfelreiche Gletscher stierend. Unvergeßlich wie Mespelbrunn – es gehört auch zusammen. Vieles freilich muldet sich in Löwenzahnwiesen, obstbaumüberblühte Senken, als müßte es so sein. Schmalbrüstige Kapellchen, schwarzschiefrig spitz, so arglos traut im lichtumsprühten Grün, daß es selbst eingefleischte Heiden versöhnt. Von entlegenen Schenken zu schweigen, die einen doch leichter einnehmen noch.

Überhaupt, was wird man oft zu spät, was nie entdecken! Das Seebachtal vielleicht, den Höllhammer, die einstige Kartause Grünau, all die ausgedienten Fortifikationen auf den Bergen, die Ritternester und Ruinen, Burgsinn, die Wasserfeste, das dichtumbuschte tausendjährige Idyll, errötend aus lauter Entengrütze ragend, all die verlornen Mühlen in den Gründen, frühlingshell äugelnde Teiche, Wasserspiegel, wie grünverglast, als stünde dem Wald der Atem still, verbröckelnde Oktoberufer, die große Einsamkeit; den Fernblick vom Pollasch nicht zu vergessen, vom Hahnenkamm.

Einer aber kann uns kaum entgehen dort. Und wie man ihn auch schon verschmutzt, seine anziehenden Ufer – wer erlaubt das? – durch Kies-, Zement-, Militärwerke verschandelt hat: Kein deutsches Gebirge wird so schön von einem Fluß umschlungen, kein Fluß so sanfthügelig von einem Forst hier umarmt wie der Main, der da anmutig bescheiden mit weichen Windungen schwimmt, zwischen lieblich auslaufenden Weinhängen, Wald, von flachen baumlosen Wiesen gesäumt, melancholischen Pappelprozessionen, rotziegelig überleuchtet zuweilen bis in die Uferweiden. Ein muntres Völkchen, unfränkisch fränkisch fast, in seinen Dörfern, Marktflecken, goldgelben Gassen, auf kleinpflastrigem Platz, umdrängt von herabschwebenden Hainen, schmalschleifigem Strom, ein wohliges Sichneinanderschmiegen der Dächer, Mauern, ein bestrickendes Paradieren von Türmen und Toren, Treppen und Brunnen, ein Gerank geranienüberschütteter Giebel und Fachwerkfronten, kunstvoller Erker, Wirtshausweiser, mit Brückenheiligen gesegnet, durch Kirchtürme überspitzt, gekrönt von Schlößchen, vorpreschenden Burgen. Keine Namen, kein Unrecht gegenüber Ungenannten. Und ist's auch Liebe nicht immer auf den ersten Blick und manchmal, zugegeben, selbst nicht auf den zweiten, vom Spessart das Liebste mir ist der Fluß, der ihn umfließt –

Nimmer vergeß ich dich,
So fern ich wandre, schöner Main! und
Deine Gestade, die vielbeglückten.

Was Franken an den Himmel schreibt

Steigerwald, Spessart,
Frankenwald, Fichtelgebirge

Für Heinz Ruppel

Aus den Mysterien der Wälder
machen wir Papier, um darauf
unsre Plattheit zu verewigen.

Ein langer Ton, wie von weit. Kaum vernehmlich über den Wipfeln. Unsichtbar unten, im Weiherdampf noch, das Tal. Fast herbstumhüllt schon, septembersüchtig; vermummt alles, schwebend. Ein halberstickter Reiherruf. Gehen, gehen... Gehen auf dem Kamm. Ein Ton nur, lang, leis; durch den Himmel der Zeit. Manchmal Klaus Schart, verirrt: Wohin geht es hier...? und ein Gastwirt in gestreiften Bügelhosen: »Nach Taschkent, mein Herr.« Mitten in Thüringen, zwischen Farn und Tannen. Aber – woher kommt der Weg? »Von der Biskaya«, sagt Herr Kortüm, blickt zum unbewölkten Oktoberhimmel, schreibt mit der Hand einen großen Halbkreis in die Luft, »Via alta. Jawohl. Die hohe Straße...« – und entschwindet.

Höhenwege. Gehen auf Kämmen. Gehen, gehen. Bloß dies leise Ziehn über mir. Manchmal Kortüm, eine tolle Perle im Halstuch. Von der Biskaya nach Taschkent, jawohl. Erst gestern stieg ich, nah an Thüringen, vom Großen Waldstein hinunter zur Saalequelle. Europäischer Fernwanderweg. Ein kleines Schild am Baum: Atlantik – Ardennen – Böhmerwald... Ein Stückchen weiter, dachte ich, und du stehst in Taschkent.

Als Kind ging ich einen Höhenweg; mit einem Forstgehilfen meines Vaters. Immer längs der Grenze. Die unbegreiflichen Wuschelköpfe nur der Buchen, Falter aus Sonnenlicht und das bauchige Gemurmel tiefversteckter Tauben im Laub. Eine einzige grünhinsummende Höhle. Bis plötzlich, himmelübergossen, Korn dastand, und drunten, wieder waldumfaßt – ich starrte überrascht, ein Dorf, ein zweites Dorf.

Ein halbes Jahrhundert verging seitdem... Was ist's im uralten Wehn! Und wie oft, wenn ich später jenem Höhenweg folgte, indes hangunten, vergähnt noch, wiesenbleich, sich das Weihertal wand, heisre Reiherschreie sich verschluckten, als nieselte schon Herbst heran, da drang dies leise Ziehn zu mir, und Hörnerklang auch, wie aus Traumdunst gesponnen, über Gründe, nebelfingrig, und schon goldgefleckte Höhn, verscholl in Schründen, lockte wieder, ebbte echohaft hinweg, schwoll abermals und lauter, beinah schmetternd jetzt, Trompeten wie zuckende Blitze im Tann, dumpf dröhnend der Boden im Klanggewitter, Hunde mit fliegenden Leibern, die wogenden Rücken der Rosse, Reiter vor dreihundert, fünfhundert Jahren, vorgestreckt, federnd, der Tau an Hörnermündern, Gräsern – und alles verklingt wieder, verrinnt. Jahrhunderte zu Staub zerstoben. Nur der Ton noch in der Luft, kaum vernehmbar, wie von weit; ein Ziehn über den Wipfeln. Via alta. Die hohe Straße.

Sieht man vom Maintal über Maria Limbach, eine der letzten Schöpfungen Balthasar Neumanns, zum Steigerwald, stehn dessen Rücken lang und ruhig, wie blaue Wale, am Horizont. Zur Römerzeit aber und später noch liefen die Wege, strategisch, technisch bedingt, meist auf Bergkämmen; bis man bequemer, sicherer durch entsumpfte Täler reiste und der fränkische »diotweg«, der Volksweg, wieder ein einfacher Wald-, ein Feldweg wurde.

In jungen Jahren zwischen zwei solchen »Hochstraßen« jagend, die von Bamberg zum Ebersberg zogen, zum Zabelstein, liebte ich bald diese Höhenwege besonders. Und wenn ich, allein stets, weit und breit ganz allein, unter ihren Baumabendhimmeln pirschte, durch ihre erregende grasnasse Frühe, nichts als den leisen Wipfelton im Ohr, ein fernes

Spechtsgelächter, einen Taubenruf, dann sann ich mich zurück zuweilen, in längst Vergangenes hier, verlor mich in Vermutungen, in viel gewaltigere Wälder... Wie groß, wie menschenleer meist mußten sie gewesen sein!

Allmählich aber wurde gerodet. Spärlich zunächst in der Hallstatt-, der La-Tène-Zeit, durch Illyrier, Kelten, von denen rundum noch Befestigungen zeugen, Waffen-, Schmuck- und Gräberfunde, manchmal ganze Nekropolen, Totenstädte. Doch die wachsenden Stämme trieben Ackerbau und bekämpften den Wald. Die Franken vor allem, christianisiert, fällten Götterhaine, heilige Eichen, uralte Linden, wüteten, zumal um Klöster, mit Axt und Feuer: Tütschengereuth, Küstersgreuth, Abtsgreuth, Bernrode, Wachenroth, Stolzenroth, viele Ortsnamen, die häufige Waldbezeichnung »Brand«, sprechen für sich. Und am Ende des Mittelalters drohte auch unserm Wald, kleiner schon als heute, das Schicksal der meisten südeuropäischen Wälder.

Der Steigerwald, von den breiten Flußtälern der Regnitz, Aisch, des Mains umarmt, steigt im Osten sacht, aber stetig mit Felder-, Kiefernhügeln an, bedeckt sich bald dicht mit Buchen und wächst aus kärglichen Bauernschlägen in größere Staatsforste, oft Höhenzug-, Hochflächenwälder, hinüber, bis alles abrupt, mit abwogenden Rebgärten, Baumwiesen, im Maintal verrinnt.

Und hier, am westlichen Gebirgsrand – als lange Wand, waagrecht fast, wundervoll ruhig, am Himmel dunkelnd –, harren die Aussichtspunkte. Kaum je ein richtiger Gipfel, keiner ganze fünfhundert Meter hoch, und beinah alle gewöhnlich unbesucht. Nächst Zell der Ebersberg, der Große Knetzbergrücken, den wilden Böhlgrund zerklüftet an seinem Fuß; der Weinberg bei Handthal, voller Liebreiz und

Schwung; die Waldschänkenterrasse über Abtswind; der Casteller Schloßberg, mit lauter Wein sich abwärts wiegend. Ähnlich flügelt bei Iphofen der Schwanberg ins Flache – ins Fasanengoldbraun hingetupfte Feldgehölze, Pappeln, nadeldünne Kirchturmspitzen, vom roten Glühen fast verzehrt der Mohn. Und um den Zabelstein jagte als junger Förster mein Vater, im Flachland, gleich davor, wuchs meine Mutter auf. Nie vergeß ich's, schau ich vom Turm hier, im Rücken die eigne Jugend, Wald, dunkle Waldberge bloß und vorn die Ebene, diskushaft wirbelnd, flirrend, weit, stets etwas wie Ferien um sich, ewigen Urlaub – doch dahinter jetzt, immerfort qualmend, das Grafenrheinfelder Scheusal, der Untergangsgötze, Unheimliches brütend, wer weiß wann und wie...

Unser Wald, der Eigenbrötler, aber ruht oben, zurückgezogen, über Höhn gebreitet, Einschnitte, Schrunden. Wie zerfahren manchmal, unvollendet, jäh endende Vorsprünge, gedrungene Riedel, Mulden, Kuppen, zuweilen von den Wollklumpen einer Schafherde überstreut. Und oft, sein Schönstes vielleicht, die so still vor sich hingrünenden Gründe, die flach vergeßnen Weiherspiegel mit dicken Wolkenbäuchen, umgekehrten Bäumen. Kein Mensch meist, der langschleifende Schrei nur des Bussards. Selten ein Fernblick. Schwermütig, wie orangenrote Kühe, Getreide im mulmig dumpfen Abend des August. Die Herbstzeitlose durchs bleiche Grün der Täler kränkelnd. Oben ganz schwarze Telegrafenstangen vor grellem Wolkenkrater, durch die Dämmrung stiefelnd – wie in die Ewigkeit. Dann im November die traurigen Hochflächen, der bauernbrotbraun schwelende Abend, der stumme Apfelbaumaufschrei darin, im Schlaf fast zu hören noch, zu sehen.

Ich liebe das Waldtal bei Tretzendorf. Noch immer die weiherdurchhellten Wiesen. Noch immer die Kiefern meines Vaters, der Altbuchenkranz der Dachsbauhütte. Noch immer das so dunkle, monomanische Hohltaubengegurr. Erinnerungen. Schilfteichträume. Bläßhuhn- und Haubentaucher-Nachtgedanken. Das Spiegelbild einer nie sich findenden Fichtenfront. Die wunderlich verhüllten Nebelfrühen da, vom Reiher, dem scheuen Vogelgott, durchrudert. Herbstkühle Dämmerungen; wie betrunken aus letzten Lichtfetzen torkeln die Enten. Und wenn im Dorf die Schwalben schon das große Abschiednehmen zelebrieren, wenn's mild aus alten Nachmittagen glimmt, dann in den Wald wieder, zum Brand hinauf, zu Scheidberg, Rotmarter, in den unsäglichen Septembersog; Rauchfahnen und Stoppelfelder, leise Stimmen, wie zermahlen von der Zeit.

Oder, im Sommer, zur Gegenseite. Verbröckelnde Steinbrüche, Ginster im Arm, Heckenrosen. Blaue Lupinenhänge, sonnenüberfallen. Summende Dickungen, faulende Pilze, Moder, Moos. Der wilde Dunst der Sauen dort. Stets waldvergrabenere Gründe; der Klingengrund, der Vögleinsgrund, der Schulterbach, wo Fichten, heitre Buchenkuppeln um hohe Wiesenwogen steigen, als hätten sie sonst nichts zu tun, bloß Einsamkeit zu hüten, Schmetterlinge, Stille, des Bussards ruhevolles Schweben oben, den schäumend weichen Schwung des Tals.

Ich liebe die verlassne Höhenstraße unterm Friedleinsbrunnen hin, jenem »alten Opferhain mit drei uralten Eichen«, schrieb Charlotte von Kalb, die da oft weilende Freundin Schillers, Jean Pauls; am traut verschlafnen Hummelmarter, am ganz verstummten Mackertsgrün vorbei und dann in Buchensäulenhallen wie durch Feste nach Fabrikschleichach hinab, dem waldumkreisten, wo Balthasar Neumanns Glashütte stand und noch immer im Dorfteich die hohen Bäume, das alte Forsthaus sich besehn, die Fenster meiner Jugendliebe.

Verlockend stets der Weg von Obersteinbach den lieb verlornen Weilersbach hinauf, zum Hohen Berg, Bocksberg, Wotansborn, Zabelstein. Oder die Route in den südlichen Wald: Weiler, Einödhöfe, Gänseweiher, das grünverwunschne Aufundab bei Prühl, Haag, Appenfelden und Rehweiler, der schöne Friedrichsberg, fast parkhaft die Gegend um Iphofen, Birklingen, Castell.

Viele Ortsnamen sprechen vom Wald noch, vom Wild: Buch, Schönaich, Groß- und Kleinbirkach, Ilmenau: Ebrach, Hasenberg, Fuchslohe, Dachsbach, Eulengrube, Falkenstein. Auch die Teiche, die oft auftauchen – gehäuft nach der Aisch hin – schimmern durch: Weiher, Fröschhof, Füttersee, Sperbersee, Schwanensee, die Federseen und zahlreiche Krotten-, nämlich Krötenseen.

Natürlich gilt ähnliches von allen Wäldern Frankens. Gleich im Spessart, dem westlichen Nachbarbergland, wimmelt's von Namen wie Rothenbuch, Eichenberg, Tannenkopf, Haseltal, Erlenfurt, Eschau; von Wildfang, Hirschhöhe, Rehberg, Dachsberg, Falkenberg, einer Menge Geiersberge. Wie ja der Spessart selbst, der Spetheshart, so 839 bereits, nichts andres als der Spechtshardt ist, der Spechtswald, der den noch heute dort trommelnden Schwarzspecht als Wappentier hat. Das moderne Kürzel Spessart schuf der Poet und Spessartwanderer Hans Sachs.

Auf drei Seiten vom anmutig ausschweifenden Main umschlungen, weiter von Sinn und Kinzig, jenem Tal, in dem die Brüder Grimm ihren Märchenschatz sammelten, gehören gut drei Viertel des Gebirgs zu Franken; der Rest ist hessisch. Ursprünglich ein Eichenmischwald, überwiegen im Norden Fichte und Kiefer, sonst Buchen, die der blutfarbene Buntsandsteinboden begünstigen und das regenfeuchte Klima, das mildeste aller bayerischen Mittelgebirge.

Etwa ein Drittel des Spessart-Laubwalds bestreitet noch immer die Eiche, darunter Deutschlands älteste Eichenbestände und größte, bis zu sechshundertjährige Baumpatriarchen auf einem Steilhang des Steinbachtals; und noch etwas ältere nebst dreihundertjährigen Buchen auf dem Rohrberg über der Haseltalbrücke; oft leergezaust von der Zeit schon, manchmal gespenstische Ruinen. Mit seinem dichten Höhenbaumpelz bietet der Spessart bloß selten gute Aussichtspunkte, denn gerodet wurde nur spärlich. Seine Herren reservierten ihn sich als Jagdrevier. Schon Karl, genannt der Große, schützte ihn. Barbarossa residierte am westlichen Gebirgsrand und besaß ein Jagdschloß in Schöllkrippen. Dann sicherten die Erzbischöfe von Mainz sich Jahrhunderte lang das Dorado. Doch während ein ganzes Netz ihrer Zwingfesten entstand, während sie selbst, wie man jüngst höhnte, in Aschaffenburg sich eine Zweitwohnung schufen, die alle bis dahin bekannten Schlösser des Reichs an Pracht und Kosten übertraf – auch »Hexengelder« stecken hier drin –, während sie zur großen Hatz bliesen auf immer üppigere Hirschrudel und Sauen, verkamen ganze Generationen ihrer Untertanen; von Wild und Holz nicht nur, von Beeren sogar, Bucheln, Eicheln bis tief in die Neuzeit ferngehalten. Das Erzstift selbst aber plünderte schließlich derart den Wald, daß vor zweihundert Jahren ein Drittel verödet war. Erst seit die Wittelsbacher da regierten, wurde wieder aufgeforstet, und heute ist der Spessart eines unserer größten zusammenhängenden Waldgebiete – dünn besiedelt, voller unübersichtlich hinhuckelnder Buckel, Hänge, Hochplateaus, deren eigenartig wildes Durcheinander noch etwas von dem Unwegsam-

Verschloßnen einer Zeit bewahrt, da Bär und Wisent hier lebten, Auerochs, Luchs oder immerhin noch Räuber und jener Nürnberger Krämer sich mit dem Stoßgebet stärkte: »Mein Gott! Du hast mir aus dem Mutterleib geholfen, du wirst mir auch durch den Spessart helfen.«

Nur zwei Fernwege gab es. Bereits seit der Jungsteinzeit die Birkenhainerstraße – nun ein anstrengend schöner Wanderweg – als Teilstück einer Verbindung zwischen Rhein und Donau, von Hanau über Wiesbüttsee und Hermannskoppe nach Gemünden; eine Hochstraße, die, im Triumph oder geschlagen, schon fränkische Kaiser sah, Friedrich Barbarossa, Tilly, die Schweden, Soldaten Napoleons. Und die »Via asinina« von Nord nach Süd, auf der, fast hätte ich gesagt andre Esel trabten, leibhaftige, mit Salzkarren von der Saline Orb über Rohrbrunn nach Miltenberg. Während eine dritte, die kürzeste, doch steile, gefährliche Strecke, Frankfurt, Rohrbrunn, Würzburg, die heutige Hauptverkehrsader, ursprünglich nur draufgängerische Fuhrmänner nutzten, ehe, um 1600, Kaufmannszüge mit Geleitschutz folgten. Noch im selben Säkulum erhielt Rohrbrunn eine »Würtschaft« und Posthalterei der Thurn und Taxis, worüber Hauff seine bescheiden lustvolle Gruselromanze *Das Wirtshaus im Spessart* schrieb; etwas poetischer auch in Immermanns *Oberhof* geschildert.

Der Stab der Spessartschnapphähne fiel 1812 in Heidelberg Justitia zum Opfer, das sagenumschwirrte Wirtshaus 1959 der Autobahn, einer der teuersten und schönsten Deutschlands. Ein Heer organisierter »Idealisten« schuf viertausend Kilometer Wanderwege, Trimmdich- und Naturlehrpfade, Rast-, Park-, Spielplätze, Unterkunftshütten; und Ausflügler, Feriengäste, Individualisten strömen.

Doch irgendwie geht all das selbst zur Zeit der

Hochtouristik in ihm unter; zumindest im hohen Spessart, wo über Hunderte von Quadratkilometern Wald fast alles bedecken, man auch im Auto stundenlang fahren kann, ohne mehr als ein paar Dörfer, Forsthäuser, Mühlen zu sehn, ja kaum Felder, Wiesen, selbst Blößen selten, mit Baumsilhouetten anrührend einsam im Wolkenlicht.

»Was wollen Sie da?« meinte beim Tanken in Rohrbrunn ein freundlicher Spessartfranke, von der Kasse weg mir noch zum Wagen nachkommend, »da sehen Sie nichts wie Wald!« – und hatte doch fast nichts sonst schon hinter mir, seit ich von Hösbach, wo sich's so anziehend jäh und walddunkelweich aufbuckelt mit Bischlingsberg, Borberg, Kreuzberg, Birkenberg, über die Eselshöhe herauf und dann wieder leicht abwärts fuhr durchs Tal der Elsava, des Baches einst der Elsbeerbäume, am Eichenberg, Höllenberg, Hesselberg hin, vorbei am Höllhammer, lieblich in Laub versunken, Fichten, am Neuhammer, Hobbacher Hammer – Bäume, exotisch verglühend, Moosdächer aus einem Waldsaum lugend, Birken. Manchmal seh ich kurz den Bach unter mir und wünschte, es wäre Frühling – alle Spessartbäche rufen nach Frühling.

Hinter Eschau – das Prangerhalseisen am Rathaus – welligweit ein Ackerhorizont. Doch durch den Aubachgrund Wald wieder bis Wildensee, wo nordwestlich der Geißberg-Aussichtsturm steht. Nach Altenbuch kurve ich zwischen Tannenkopf, Hunsrückkopf, Dachsbuckel immerfort aufwärts, wie umschnürt vom Forst, eine einzige Baumschlucht. Ab und zu, düstergrünprächtig, Fichten, sonst aber Laub, hanghin heller stets, farbiger, festlicher. Und als ich über wittelsbachschen Jagdsitz, Hohe Warte, wieder südwärts lenke, reißt wirklich einmal der Baumverschluß, huckelt Wald plötzlich wie ein übergroßes, mit felligem Leib sich an den

Himmel stemmendes Getier – mächtige Massive, vier, fünf, sechs Rücken, sich weich überschneidend, immer höherschiebend, dunstvergraben fahl, ein gleichmütig unberührter Hinstieg, so weit das Auge reicht, schwärzliche Nadelwipfel, viel mehr freilich Laub, matt, nebelüberstreift, kein Dach, kein Feld, bloß ein wuschelig gewaltiger Baummantel, bis in die fernste Ferne und die nächste Nähe. – Über Querberg und Eichhöhe rolle ich danach hinab, keine Menschenseele, nur Wald neben mir, fast dämmrig schon, schier endlos, Wald, der wie in Weihrauch schwebt, wegdunstet, wiederkommt, bis ich von der Klosterhöhe über Hasselberg einen offnen Ackerlandstrich sehe, waldumschlossen freilich auch er.

Spessart, das ist Wald, Wald, Wald. Auch seine größte Attraktion wird davon umstiegen – und von Hunderttausenden im Jahr, die nun dort freiwillig ihren Obolus geben, wo man ihn einst ganz anders zu holen verstand.

Am schönsten wohl – nur am Wochenend nicht – im Herbst, das Wasserschloß Mespelbrunn, wenn es, allein beinah, im leicht laubbestückten Weiherspiegel sich betrachtet, seine braungelben Wände, bräunlichen Fensterrahmen und -kreuze, seine Balustrade, die goldverblichnen Zeiger oben noch der Uhr, ja die matt herausglimmenden Kronleuchterlichter, wenn das alles, braunmürb, vom alten Nachmittagsschein angekränkelt, im Blätterschutt verblaßt, fast wie die zerbröckelnden Waldhügel selbst.

Hinreißend der Spessart stets, wo er kühnkurvig, mit anmutigem Hüftschwung, an die Bachgründe streicht – weit seltener als im Steigerwald, hat auch allein die Kahl, im oft waldentblößten Vorland freilich, zwei Dutzend Nebenadern. Die zweiarmige Lohr, der einsam der Aubach zuströmt, besang Clemens Brentano: »Rauschend durch die Mühlen spring ich, Spiele gern und heiße Lohr...« Lohr heißt auch eines der schmucksten Städtchen am Spessartrand – und Hafenlohr einer der schönsten Bachgründe im Innern, Jagdsitze, Forsthäuser, Waldkneipen, berückend unberührte Teiche, grün- oder nebelgesichtig, voll undefinierbarer Himmels- und Uferfarben, die bestrickendsten Spiegel der Welt, wie schon außerhalb. »Dies ist eine Landschaft. Die gibt es gar nicht mehr«, notierte 1927 Tucholsky in Lichtenau. Doch lockend das Tal des Seebachs auch, Kropfbachs, des Haslochbachs mit seinen vier Mühlengaststätten, Nickelsmühle, Schreckenmühle, Zwieselmühle, Schleifmühle – die einzig echte, unverfälschte noch, im klammen Wiesenwaldgrund, vergammelt und hochgiebligspitz, wie aus Angst hinaufgetrieben.

Gründet des Spessarts Liebreiz in seinen Tiefen, finde ich den Frankenwald, berühmt durch seine Täler doch, viel anziehender oft auf den meist eintönig, ja, weil etwas waldärmer, enttäuschend genannten Höhn.

Im Raum Probstzella, Kronach, Helmbrechts liegend, ist der Frankenwald ein bachreiches, in ungezählte Bergrücken zerspaltenes Hochplateau – die Wasserscheide zwischen Elbe und Rhein. Nur im Südwesten abrupt zum Main abbrechend, geht das Gebirge sonst unmerklich in verwandte über, ins Fichtelgebirge, in Vogtland und Thüringerwald, als dessen Anhängsel der »nortwald« früher geradezu galt; Frankenwald heißt er erst seit wenigen Jahrhunderten: vielfach nun reiner Fichtenbestand, selten noch Tannen – besonders unter dem Döbra im Türkengrund –, spärlich Laubwald, um die Schlösser von Guttenberg etwa, Heinersreuth, im oberen Lamitz-, im Langenaugrund.

Zunächst von Kelten, dann Germanen bewohnt,

unterjochten schließlich die Franken blutig Thüringer, eingewanderte Slawen; und weltliche wie geistliche Potentätlein drangsalierten bald Bauern, Flößer, Köhler, Bergleute von der Plassenburg, dem Wasserschloß Mitwitz, der Feste Rosenberg aus, dem tausendjährigen Lauenstein und vielen andren, meist inzwischen buchstäblich ruinierten Tyrannen-Nestern.

Schon seit der Altsteinzeit von Saumpfaden, Paßwegen überquert, wird der Frankenwald, der kaum Kammrücken, gar Gipfelreihen kennt, durch eine kuppig überhöhte, sanftwellig hinschweifende Hochfläche gebildet; nur im Norden und Nordwesten düstern tiefgestaffelte Forste, nadelholzstarrende Steilschluchten, unten knapp Platz noch für das Sträßchen, den Bach.

Sonst aber überzieht Wald meist locker das herbe Hügelmosaik, schimmert, unterm Trillerlied der Lerche, Getreide wie in gelblichem Pastell, treibt's weich durch eine hohe silbergraue, eine ungewöhnlich grüne Wiese, ein Baum, vereinzelt, eine Birken-, Buchengruppe, fast wildweiß der Horizont darum, Ahorne einmal, allein, beinah schwebend, wie vom Wind hingeweht, ein Dorf ab und zu, ein Weiler, ausgesetzt am Himmelsrand, in eine Baummulde gekuschelt, rotüberziegelt, schieferdunkel. Doch Kuppen auch wie mit grünen Hauben bezogen, vor Blumenwiesen wogende Nadelholzsäume, im Fichtensturz fortsausende Hänge, Kahlschläge mit hundertfach schattierten braunen, grauen Gräsern, oft übersät mit rötlichen Waldweidenröschen, zum Umarmen schön an Sonnenhängen leuchtend, einzeln ergreifend stumm, wie Fabelwesen aus der Dämmrung tretend.

Wald freilich, weithin, auch oben. Bei Marienroth etwa, hoch über Wallenfels oder, schöner noch, von der Grieser Höhe her – Wald, Wald, den hohen

Himmel tief im Halbrund unterwandernd. Und wer vergißt wohl, sah er je im langen Winter von der Breitenloher Höhe bei aufziehendem Sturm: nah Gehülz' Schneedächer, wie aus Gold, dann, schattenschwer, die nie bezwungne Feste Rosenberg; im Tal, von Schnee gerade noch umgrellt, dunkelnde Waldfronten schon, -blöcke, darüber, drohend düster, von letztem Sonnenlicht betupft, des Frankenwalds auslaufende Flanke, ein riesiglanges Maulwurfsfell, irr jetzt in den Fast-Nachthimmel taumelnd, bis dies immer wildere Waldwolkengewühl ganz und gar im Flockenwind wegwischt.

Warum die Frankenwälder freilich ihr so einsehbares Paradies mit Aussichtstürmen spicken? Nur zur Thüringerwarte, vom Eisernen Vorhang wie umzüngelt, strömt es, als wär's ein wunderreicher Wallfahrtsort, tausendfachen Trost gewährend. Wer sieht die Wälder noch? Alles starrt auf den Todesstreifen. Ach, die Kommentare da! Am Knock von Teuschnitz muß erst der Turmschlüssel her. Und dann sieht man auch nicht mehr. Dafür harrt meiner auf dem Döbra aber – ein Name slawischen Ursprungs und mit 794 Metern höchster Berg des Gebirgs – der ganze Zauber, so las ich oft, der Waldlandschaft, ein einzigartiger Panoramablick, ja, die Erhabenheit der Schöpfung selbst. Doch dem luftigen Stahlgerüst fehlt in zehn Metern Höhe ein längeres Verbindungsbrett, und ich sehe wieder nicht mehr als unten.

In Presseck erst erneute Schlüsselsuche. Dann wie auf dem Präsentierteller der Sportplatz, eifrig werbend für die Industrie, für die sich gleich daneben auch das große Fichtensterben stark macht. Hinter Presseck Stuttgart 230, Madrid 1580 Kilometer. Es folgen Paris, Staffelberg und Radspitze – und die sieht verlockend aus, wirklich. Lauter Wald. Schlegelhaid hoch oben, Neuengrün, der Döbra wieder, mit seinen drei Monsterkuppeln entfernt an was Orthodoxes erinnernd. Dient aber nicht dem Herrn, sondern den Herren, unseren, fremden – einerlei. Weimar 85, Königsberg 770 Kilometer, ja auch mal deutsch gewesen. Waldstein, Ochsenkopf, Schneeberg; letzterer, aus Sicherheitsgründen, wie beruhigend, ganz für unsre Freunde reserviert. Kaum Dörfer noch; doch soviel Nadelwaldbuckel, daß ich weder Prag, zweihundert Kilometer, noch gar das achtmal fernere Athen eräuge. Und weil ich die Griechen nicht mit der Seele suchen mag, such ich die Radspitze wieder mit den Augen, dann mit dem Auto, zuletzt zu Fuß und sehe gleich: Spitze in jeder Hinsicht. Dabei dreihundert Meter nur über dem Tal. Gott ja, auch ich guckte schon tiefer hinunter – und nicht bloß von selbstgesteuerten Kisten aus, nein, von Alpinem: höchst majestätisch! Doch unten wieder, war's abgetan, wie alles Majestätische...

Aber die Radspitze! Schon dies absolute Alleinsein über den Wipfeln.

Nur ein paar Fliegen; Gesumm. Es riecht nach Holz, Harz. Unten das Maintal, hecken-, baumdurchzogen, gelb sich fortschlängelnde Wege, mal ein Dorf. Ein Bussard, in der Sonne so rostbraun wie innen der Forst. Er verschwindet hinterm Hang, kommt wieder, steigt höher und höher, sein langgezogenes Miauen klagt herauf. Sonst unglaublich ruhig, grün, weit. Doch alles, wer weiß, im Todeskampf schon. Alle Tannen Mitteleuropas krank, zwei Drittel aller Kiefern, die Hälfte der Fichten: Schwefeldioxid, Schwermetalle, Ozon. Auch alle Buchen Frankens bereits angekränkelt: Pilze und Wolläuse. Jetzt selbst die Eiche, teutonisches Kraftbild... Wer hat dich, du schöner Wald, aufgebaut so hoch da droben? Aber vielleicht wird man noch mehr zu Boden kriegen? Weimar 85, Königsberg 770 Kilometer. In der Gegenrichtung Wipfelgrün bis an den Horizont, Wald, nur Wald, kaum glaublich still und grün.

Ich mag einfach Höhen – keine Gipfel! –, mag das Offene, das Weithin; wenn auch des Frankenwalds Hauptwaldmasse auf Abhängen stockt, in Schluchten, halbnachtdunkel zu Tal stürzt, in durchaus zu Recht gerühmte Gründe, vom Steinachtal im Süden, wo man Deutschlands ältestes Leitfossil, ein Tribolit fand, bis zur Loquitz im Norden. Und unmöglich zu sagen, welche all dieser fichtenumrauschten Versunkenheiten voller Fels und Wasserwirbel, Farn und Waldgeißbart, Stege und Steinbrücken und viel grünumschnürt Verschwiegnem mit Schneidmühlen, Waffenschmieden, Schenken – unmöglich zu sagen, welches dieser Täler das schönste ist: das Tal der Remschlitz, Lamitz, Thiemitz, der Wilden Rodach, Schorgast, Haßlach, der Teuschnitz und Culmitz, der Ködel und Kosser, das Rauschbach-, Froschbach-, Rehbachtal, der Köstenbach mit der Schmölz, wenn auch mich selbst alles Aufgetakelte, Bizarre viel weniger bewegt als etwa der lieblich ruhige Mischwaldgrund beim Alten Forsthaus Langenau.

Wirklich alt, fast im Kolonialstil, aus einem Western; doch so still, als sei alles weitum massakriert. Die Tür verschlossen stets; die Fenster dunkel, immer zu, wie aufgemalt, so echt aufgemalt, daß ich hintippe. Dabei eine Pepsi-, eine Langnese-Eistafel da, sogar »Ein Herz für Kinder«. Aber nie ein Mensch. Und das Gründchen, gar nicht eng, zwischen beidseits sich anhebendem Fichtenwald, Margeriten in hohen Wiesen, Pappeln, Vogelbeeren, rotviolette Disteln. Manchmal legen sich Schatten breit in einen alten Ahornbaum, als umarmten sie ihn; ein gelber Schmetterling, eine Hummel, Gesumm und leises Wasserrauschen, immerfort dies leise Rauschen . . .

Doch, zugegeben, selbst die pittoreske Flußsteilschlucht des Höllentals vor dem Dorf Hölle, dies einnehmend hübsch übrigens, auch mit einem Hotel »Hölle« natürlich, durchwanderte ich wiederholt, obwohl sein Ruhm und seine Bilderbuchromantik mich fast abgehalten hätten: Schluchten, Felsen, Fotostege, eine Wildfutterstelle, beinah schon reinstes Kunsthandwerk, ein Vogelnisthaus gleich dazu, offenbar für die Touristen. Willkommen in der Hölle! Der Gast soll sie genießen... Also, obwohl mich das alles jagen kann, spazierte ich dann doch zwischen dem ziemlich schroff himmelanschießenden Wald, den grasgrünen Felsen ab und zu, im Sonnenlicht wie die Nasen von Riesen. Ein paar Meter unterhalb, hinter Büschen und Bäumen, lauter hellweißgraues Gestein, attraktiv im Wasser badend, in einer recht üblen, stinkigen Brühe freilich, neben der ich aber überrascht und nun stark angezogen auf ein altes Bahngleis stieß, überwachsen, ganz verrostet und immer an der Selbitz hin, die Schwellen herrlich rissig, fast vermorscht – wie aus einem Roman Ernst Kreuders. Technik verrotten, Grün siegen sehn – ja, ich zweifle keinen Augenblick am Triumph des Unkrauts auch über die Chemie. Und während ich danach im alten Lichtenberg oben, das ganz so aussieht wie es heißt, übers Höllental blicke, auch auf den Todesstreifen tief unten, die dort ragenden Schlote, deren einer qualmt, mault neben mir eine Zwanzigjährige – einziger Kommentar, solange sie schaut: »Die ärbärn sogoor heud, die Säu...« Nur der Dreck von »drüben« nämlich ruiniert den Wald!

Doch auch dort, wo dieser noch gesund wirkt: *Innen* jagte der außen so Schöne mir meist ein Grausen ein. Kaum ein Gräslein, Möslein, Vogelruf. Rostbraun der Boden, die Stämme kahl bis hoch hinauf und gleichfalls wie verrostet – wehe, wenn da noch Sonne reinglüht! Stehende Skelette, auch lie-

gende Baumleichen zuhauf, ein Alptraum, schon wie nachatomar.
Was dem Frankenwald zur Vollkommenheit fehlt, ist der Wald seines Nachbargebirgs, mag man dessen Namen, wie Bruschius schon 1542, »von der viele der Fichten, so darauf und herum wachsen« pflanzengeographisch erklären oder als »Vichtelberg«, das heißt Wichtelberg, aus dem Sagenschatz. Jedenfalls ist dieser auf Granit ruhende Fichtelgebirgswald nicht nur außen grün, ist er wasserreicher noch als der Frankenwald, das wasserreichste Mittelgebirge Deutschlands, eine europäische Hauptwasserscheide zwischen den Stromgebieten der Nordsee und des Schwarzen Meeres, Ursprungsland von Eger, Saale, Naab und Main – den einst Heinrich Wackenroder, gestärkt durch einen Quelltrunk, »wie Kolossus« mit seinen Händen aufzuhalten suchte.

Ja, mehr als drei Viertel Nadelwald und grün, wie sehr den Forstmann dies oft stören mag, nicht bloß in den Kronen, auch durch Gräser, Beeren-, Heidekraut, durch Farn und Bärlappgewächse, die Fülle der Moose. Hier, in dieser dunkelschönfichtenumhangenen Welt übergrünter Felsbrocken und ewig rieselnden Wassers – am bewegendsten in Nebeln wohl, in Wolkenfetzen, wenn weiß der Winter sie umgreift –, hier, meint man, müsse Tieck, dem vom Fichtelgebirg inspirierten, sein Wort »Waldeinsamkeit« eingefallen, hier das Märchen, das deutsche Waldmärchen, entstanden sein (das zwischen Nadel- und Laubwald freilich nie unterscheidet, und nennt es doch einmal einen Baum, so meist eine Linde, eine Eiche).

Wie magisch aber dieser Wald auch ist – vormals von Berggeistern wimmelnd, Kobolden, Wichteln, die so vergeblich ihr Zinn hüteten, Silber, ihr Gold –, was dem Fichtelgebirg weithin fehlt, ist die Landschaft und Ruhe des Frankenwalds.

Hat jenes einst unwegsam-unbewohnte Gebirg doch nun ausgedehnt industriegeprägte Bereiche, besonders durch Glasverarbeitung, Porzellanmanufaktur von Weltruf – ein bestrickendes Gewoge oft von Fichtengipfeln und Schornsteinen – oder durch Fremdenverkehrsorte, in denen alles gleichsam taufrisch verputzt, anödend genormt ist, neorustikal und worin und worum man, allein der teuren Heimat wegen, nichts ungetan, nichts unverschandelt läßt durch Schlepp- und Sessellifte, Eis- und Rollschuhbahnen, gespurte Langlaufloipen, Sprungschanzen, Angelteiche, durch Planschbecken und Skikurse, Tennis und Golf, Reiten und Schießen, Rudern und Rodeln – ja, wirklich, dies so viel »Ruhe« in »idyllischen Winkeln« verheißende »beliebte Erholungsgebiet« (»genau die Erholung, von der Sie schon immer geträumt haben . . .«) ist inzwischen ein Vorort von Berlin.

Doch findet man immer noch stille Wälder, schön Erde und Himmel vereinende Weiten, einsames Hochmoor. Kaum überlaufen die meisten der berühmten Berge, ihre massigen Blockmeere, die Felsenwirrnis unter Wetterfichten, Gipfel, von denen Goethe auf dem Haberstein sagte, sie »haben nichts Lebendiges erzeugt und nichts Lebendiges verschlungen. Sie sind vor allem Leben und über alles Leben . . .«

Zum Beispiel die Kösseine – so geheimnisvoll versponnen wie der Name, ihr Doppelgipfel und alles drumherum. Der höhere, 939 Meter, zählt zu den besten Aussichtspunkten dort, sah ich selbst da auch selten viel, oft die nächsten Bäume nur. Alles sank in Dunst weg, in Nebel, lichtete sich kurz, gab, über abstürzende Ebereschen, tropfend verkrüppeltes Fichtengeäst, ein Haus auf dem Gegenhang frei, wie eine Fata Morgana, noch ein paar Dächer, und dampfte wieder fort. Doch spinnt das ganze Bergmassiv ein – wild zerrupft der Wald oben um die mächtigen Steinhalden, um das gipfelangelehnte Unterkunftshaus mit seiner so schön die nahen Wipfel überträumenden Terrasse. Entblößte Wurzeln hangab, als schlüpften tausend Schlangen da, Flechten, Moos; herb, einsam, dampfend steht's zwischen den Stämmen, über schmal rinnendem Wasser, um Lärchen am Wegrand, einzelne Laubbäume; Jungfichten, grünnadellastig bis ins Gras, ins Schwarzbeerkraut; Lupinen auch, Fingerhut, wie verzaubert und verzaubernd – die Elfen tragen die Blüten als Hut –, bis man von der freien Halde um Fahrenbach, der Grenzfeste Nürnberger Burggrafen einst, über abfallende Hänge wieder auf ferne Waldrücken schaut.

Meinem Herzen nah: der Große Waldstein, schön wie sein Name, ergreifende Verschwisterung von Fels und Forst – was ist der Luisenburg gerühmtes Granitgepurzel dagegen, das Immermann als »Beethovensche Symphonie« pries »in Stein«, das den Großen aus Weimar zweimal, auf allen vieren, hinriß und heute, Kopf an Hintern, ganze Volksschlangen ansaugt? Doch der Waldsteinpfad am Roten Schloß, an baumvergrabener Ruine hin, an farnüberwucherten, wurzelumkrallten hohen Felsformationen und verzwicktstufig zur alles überragenden Schüssel empor, zum langfesselnden Rundblick, die Waldsteinkette hinauf und hinab, ganze Armeen starrender Fichtengipfel, verflimmernde Fluren, aufglimmende Teiche, verrauchend fast die Höhen des Thüringerwalds, des Erzgebirges, Elstergebirgs.

Näher die Kuppe des Großen Kornbergs, ein ebenfalls grandioser Aussichtsort, weniger nahwaldgeprägt. Alles sinkt oben erst ab, allmählich, ganz ruhig, ringsum, Feld und Wald, die Dörfer, bis es dann wieder im Gleichmaß, immer höher und ferner zum Himmel sich hebt, ein riesiges, den Turm umschwingendes Rad. – Leider beeinträchtigt das Waldstein-Glück die Hundert-Meter-Nadel des Fernsehturms, schlimmer den Kornberg eine Militärstation; während der sehr hohe Sender des Ochsenkopfs mich weniger nervt als der geballte Andrang seiner Gipfelstürmer. Früher mag die Bewältigung des zweithöchsten Bergs ja ein Erlebnis gewesen sein. Heute machen es viele gleich mir, der ich ihn gewissermaßen bloß umgekehrt, von oben nach unten, besteige; aufwärts nehme ich ihn im Sessellift – ein angenehmer Tiefflug in Zeitlupe sozusagen, mit lauter grünen Blicken in den »Fichtelwald«. Und droben auf dem Asenturm – der da trotzt »Wetter und Sturm«: »Tu's ihm gleich, mein Deutsches Reich!« ruft, seit 1923, eine Inschrift – hatte ich, bei allem Geschubse auf der kleinen Plattform, den größten Gewinn. Denn dort entdeckte ich nordwestwärts etwas Grünwiesenhohes über den Wäldern, vielverheißend in Sonne – Wülfersreuth. Dorthin geh ich, sagte ich, leicht dazu in den Hintern, kräftig auf die Zehen getreten, dort muß es schön sein!

Und seitdem besuche ich Kösseine, Waldstein, Kornberg, den Nußhardtgipfel, Zipfeltannenfelsen, den Haber-, Rudolf-, Epprecht-, Weißenstein, den Nagler See, den schwermutsschönen Zinnschützweiher, die Königsheide und Burg Hohenberg von Wülfersreuth aus, der Reut des Wulfelin, um 1100 entstanden, fast siebenhundert Meter hoch, eine der höchstgelegenen Gemeinden des Gebirgs, gehe vom Dorf aus ein bißchen links, ein bißchen rechts über die ganz freie Höhe und werfe tiefe, tiefe Blicke – auf den Frankenwald. Lege mich irgendwo da in den Mittagswind, seh die weißen Falter gaukeln überm Feld, hör es vom nahen Wald, wie Meer, auf und ab, immerzu – ferne Strände, Texel, Jütland, Langeland, während die Drähte der kleinen Telegrafenmasten leicht nach Berneck hinunterschwingen und drüben goldgelb der Gegenhang steigt, Dörfchen, in Höhenfalten, aus Baumgruppen spitzend, rotbäckig, weißgieblig, die Figuren der Nadelhölzer, dunkel, matter stets, dunstiger, Schmetterlinge im Sonnenlicht, Wind auf den Flügeln, flüchtiges Glück, ja, immer rauscht der hohe, beinah heiße Mittagswind im nahen Wald wie Meer, schwingt aus, kommt wieder, hebt die grünen Fichtenarme, muldet das Korn, schwingt aus, kommt wieder... Und wer fauler noch ist, kann das alles sogar vom Bett aus im »Goldenen Hirschen« genießen, einen solchen Stand hat der.

Lang jedoch ertrage ich die Nadelwälder nicht und streife wieder durch den Steigerwald, die unbegreiflichen Wuschelköpfe der Buchen um mich. Manchmal Kortüm dann, die tolle Perle im Halstuch. Via alta, jawohl, die hohe Straße. Noch immer Hörnerklang auch, wie aus Traumdunst gesponnen, über Gründe, nebelfingrig, und schon goldgefleckte Höhn, schwellend, fallend, Trompeten wie zukkende Blitze im Laub, Hussageschrei, Hundegekläff, Reiter vor dreihundert, fünfhundert Jahren, vorgebeugt, federnd – und alles verklingt wieder, verrinnt. Nur ein Ziehn noch in der Luft. Kaum vernehmlich über den Wipfeln. Ein langer Ton, wie von weit...

Dornröschenträume und Stallgeruch

Rothenburgs arme Verwandte am Main

Für Almut und Walter Stumpf

Sie lieben Rothenburg? Das fränkische Mekka der Bildungswallfahrer? Sein smartes Panorama mit Tauber-Doppelbogenbrücke? Die kalte Pracht, Geradläufigkeit, Gleichwüchsigkeit, Schaustellerei – das Reichsstadtdornröschen als Prostituierte?

Dann fahren Sie erst gar nicht zu den kleinen Perlen um den Main – längst nicht so imposant, so makellos. Entfernt verwandt nur, mehr sich gehenlassend, doch echter vielleicht, ursprungsnaher noch. Von Touristenkarawanen, von Geschäftsgier kaum verdorben. Nicht jedes Ziegelchen und Gräschen numeriert und auf Effekte hin gesetzt, wie im deutschen »Pompeji«. Nichts opernhaft Herausgeputztes, kein steter Strom der Gaffer. Kein Paradehochglanz, bestimmt für hunderttausend Fotoapparate, den Obolus der Pilger.

Nein, fast allein bummeln Sie oft, und vieles so ungeleckt hier, so wenig pompös, museumsreif. Nur ab und zu Partien wie aus einem Bilderbuch, Idyllen des Spätmittelalters. Und immer wieder schnuppern Sie, weil's herrlich nach Land stinkt, auch Kuhställe gibt, mistaufladende Bauern. Breithingetellert alles, wie vergessen beinah, zwischen Pappeln stehngelassen und Kastanien, in Nebelabendwiesen, Rotüberziegeltes, weiherverschilft, aufgesogen vom Frühsommerlicht, verdampfend fast im Arm eines Weinhangs, am sanft gebognen Flußlauf, Nester im Schwung einer Erdfalte, jäh kirchturmüberspitzt, nahbaumumkuschelt.

Sagen wir, Sie kommen von Bamberg, durch den Steigerwald, Felder, obstbaumüberkugelt, schmalhüftige Gründe, hochstehende Wiesen, grüne Höhenstraßen, langhin nur in Laub verrannt. Doch bevor Sie, zwischen Zabelstein und Schwanberg, in die fast waldlose Ebene tauchen, werfen Sie noch einen Blick auf mein gelobtes Land, einen langen Blick, am besten zu verschiedenen Tages-, Jahreszeiten, unter wechselnden Beleuchtungen.

Vom Zabelstein etwa, wo das Turmholz so wild nach Teer riecht, nach Hafen – und dort sind Schiffe, dort sind Schiffe . . ., wo's über Wipfel, dämmerstill, arg windbewegt, schwülmittäglich ins Flache sinkt, vertropft in kleinen Feldgehölzen, ins fern und ferner Verrinnende steigt. Leuchtende Rapsflächen, gelbe Handtücher, am Horizont baumelnd, dichteingebuschte Dörfchen, Wege, bachlaufhaft gewunden, ein blauäugiger Weiher, ach, die Jugend meiner Mutter liegt da, Apfelbäume, Schattenbälle wie aus Samt unter sich, Traumtänzer, einen Augenblick innehaltend. Manchmal in apokalyptischem Licht auch, in einen Sturmhimmel geschleudert. Oder nebelverschluckt, nicht ganz geheuer, dämonendurchgeistert, matt herausragende Inseln. Mal im Gegen-, im Zwielicht, Frühsonnenschein, im Goldschnitt eines Herbsttags, schneepelzvermummt – doch wie oft ich auch hier stand, zu selten . . .

Oder Sie sehn, schöner, am schönsten, vom Weinberg über Handthal; meine späte Liebe – und unten die Jugend diesmal meines Vaters . . .

Dann im Café des Schwanbergs wie in einem Waldvogelnest, während es, südlich, leicht toskanisch schon, hinabflügelt und schwerelos an einen Himmel schwingt, der nirgends beginnt, Dächer zerstaubt beinah, in Luft aufgelöst, ein Kuckucksruf wie vom Dunst ausgestoßen . . .

Und in den alten Orten dort döst alles, nickt ein.

Das hat seine Tagträume, seine Schlafwandler. Sooft ein Mensch naht, ist man fast überrascht in einer Welt, wo man, dem Augenschein zum Trotz, zuweilen zweifelt, daß es sie gibt. Wer wollte hier hausen? Doch man kommt wieder und wieder, durchschlendert die Vergangenheit, die da herumsteht, uns anstarrt, wie wir selbst sie anstarren, ungläubig, verzückt, mit gelindem Grausen. Gespensterromantik.

Gleich am Schwanbergfuß: Iphofen – von fernen Zügen wie auf Seide umglitten und minutenlang zu sehn... Nah ziemlich herb, eher unschön. Ein erstaunlich weiter Marktplatz, ein barockes Rathaus, das sich verirrt zu haben scheint, so prätentiös posiert es da, noch überhöht von dem Chor, dem Turm einer Kirche, deren Ahnin schon 742 stand. Iphofen, bereits frühfränkisch, hat, wie so vieles am Main, die »große« Geschichte oft heimgesucht, versehrt. Wer ahnt's, daß sein verschlafner Marktplatz Soldaten schon aus Preußen, Frankreich, Rußland und Amerika sah? Daß Würzburgs Bischof im Juni 1525 hier die Köpfe von acht Freiheitskämpfern rollen ließ, nachdem Bürger und Bauern das Kloster Birklingen zerstört? Allein 1632 wurde Iphofen vierzehnmal geplündert. Und nicht nur einmal kam der »Schwarze Tod«, hat man das »Pesttor« auch um 1600 zugemauert.

Drei andere Eingänge, die eigentlichen Attraktionen, blieben.

Bizarr das Rödelseer Tor. Ein verwackelter Fachwerkbau, vierteilig, abenteuerlich lustig zusammengestückelt, zwischen dessen so ungleichen Türmen – dem langen Zipfelmützenphilipp und dem kurzen, mit verrutschtem Kopf und Käppi wie nach innen kippenden, ersichtlich außer Fassung gebrachten Randstummelchen – etwas Blauhimmel im Torbogen hängt, und rundherum fast alles eingemulmt in Baumiges, Buschiges. Am besten, man schlägt sich da gleich selbst ins Grüne, streift um den Stadtgraben, wo Iphofen fast nicht zu sehen und darum, es möge mir verzeihen, am schönsten ist. Nur über den Laubgürtel hin, über wild aus dem Graben Wucherndes, Blühendes noch knapp Türmchenüberragtes, hoch, höher, spitzer, am spitzesten. Irgendwann der schlanke Eulenturm, wo einst der Wächter rief, während unten im Verlies lebenslang Eingekerkertes verfaulte. Romantisch, romantisch! Das fast freundliche Markt Einersheimer Tor. Und das wuchtige, ganz in Pappeln und Birken vergrabene Mainbernheimer Tor, traurigtrotzig, voller Falten, Risse. Daneben geistert, graugelbverblaßt, die Spitalfassade aus den Bäumen, blind die Fenster, zerbrochen, wie verweint. Auf dem Dach, beinah reglos, ein Taubenschwarm. Träges Gegurr, dünne Turmuhrschläge. Zeit vielleicht, einen Iphöfer zu nehmen, auch zwei – fühlen Sie sich »fein«, im »Zehntkeller« natürlich, wo 1930 »der berühmte Komponist Generalmusikdirektor Prof. Dr. Hans Pfitzner« wohnte, ein ohne Frage untadeliges Haus, das aber mindestens nach Rothenburg gehört.

Nebenbei: Auch Elisabeth II., Königin von England, ließ sich einen 1950er »Julius Echterberg« kommen; zugegeben, nicht im »Zehntkeller«. Und auch bei dero allerhöchstem Besuch in München (1965), renommiert Iphofen, wurde ein 1959er »Kronsberg« gereicht. »Des mehrteils nahrung steet uf dem weinwachs«, konstatierte 1476 eine Stadtordnung. Und noch im siebzehnten Jahrhundert hat man hier das »Bierpreuen« streng verpönt. Lieber als im »Zehntkeller« jedenfalls oder an der Themse, von München zu schweigen, hocke ich in einem Kneipchen am Marktplatz, das zum Ganzen paßt, es sozusagen verinnerlicht, konzentriert, wie die Türme draußen.

Oder aber wie der »Schwarze Adler« im nahen Mainbernheim – große Torbögen, schieche Giebel, Firste, Türmchen mit Hüten, Dächer gleich Flußläufen manchmal, verhutzelt, verschrumpelt in allerlei Gassenkrummes mündend, in wuchernden Efeu, Geißblatt, sonnentropfende Geranien. Beinah erstaunt stellt man fest, daß auch in Mainbernheim Menschen leben. Ja, ich stieß da, frontal fast, mit einem Kollegen zusammen: Stadtchronist, Lokalreporter, Marktgelehrter, derart protestantischselbstbewußt, markgräflich sogar, mit einem Wort mainbernheimhaft, hier stehe ich – so aufrecht, ja versteift, buchstäblich, daß ich seither, ging's auch jenseits seines Kopfes noch nach diesem zu, kaum mehr ein Schatten meiner selbst sein dürfte.

Ohne zu erröten, nennt sich Mainbernheim, wie Iphofen, seit Jahrhunderten Stadt, ist weniger derb jedoch, organischer. Die Herrnstraße – auffallend breit, oft unverfälschte Bürgerhäuser, meist fachwerklos freilich – hälftet den Ort zwischen Oberem und Unterem Tor, Zeugen aus dem frühen fünfzehnten Jahrhundert. Und von der Herrnstraße mit ihrem sechsseitigen, blumenumhängten Wappenbrunnen, dem aufrecht auf der Säule hockenden Bären, münden die Gäßchen – Badgasse, Schmiedgasse, Sonnengasse, Klostergasse... – hinauf und hinunter zum Mauerring mit immerhin noch achtzehn, meist runden Türmchen. Sie stehen da, als fühlten sie sich selbst etwas sonderbar, ziemlich, abseitig, verschroben, aber treuherzig auch; wie man sich selbst fast vorkommt, wenn man hier weilt, auf Schritt und Tritt Pflaster unterm Schuh, das fällt, wohin es will, Durchgänge manchmal, kaum recht zu begehen. Modrige Mauern, Höfe voller Holunder, Brennesseln, aus den Angeln hängende Stalltore, Türschlösser, die rätseln lassen, ob sie Jahrzehnte, Jahrhunderte verschlossen sind. Doch auch rührende Miniaturgärtchen, deren Blumen und Gras das einzig Stabile noch scheint. Beim Pulverturm ein Häuschen, mehr, so sieht's aus, vom rankenden

Wein gestützt als umgekehrt. Herrnhuthischer Singsang irr in früher Mittagshitze. Irgendwo Wimmern, ein Kind vielleicht, eine Sterbende. Vieles bröckelt, doch überall grünt's wieder. Und schattenkühl, über nördlicher Stadtmauer, Kastanienkuppeln, deren Blüten ein weißer Wind in tausend Pflasterritzen schneit...

Glauben Sie nun gar, das gleicht sich wie ein Ei dem andern? Dann nach Prichsenstadt! Wie oft schon sind Sie auf der Autobahn Nürnberg–Würzburg da vorübergeflitzt, ohne seine Existenz zu ahnen! Offen gestanden: Ich selbst fuhr jahrzehntelang vorbei – an einem der schönsten Orte zwischen Steigerwald und Main. Ja, sein Vorstadttor, doppeltürmig, mit den zwei kessen Zipfelhauben, dem knappen Querdach in der Mitte, ach, diese gedrungne Wucht und dicke Lieblichkeit unter den ergrauten Ziegelschöpfen, ohne Zweifel eines der anheimelndsten Tore Frankens. Wo wäre seinesgleichen selbst in Rothenburg? Und biegt man ein, liegt's da wie eine köstliche Bühnenkulisse, ein Eindruck, den die Ankunft bei Nacht noch verstärkt. Schmuck, aber nicht herausgeputzt, nirgends süßlich, gar verkitscht. Nichts gleicht dem andern, keine Hausfassade, keine Tür, kein Tor, kein Dach; Giebel- und Breitseiten bunt durcheinander, doch alles paßt. Dann und wann ein kleiner Balkon, schmiedeeisern, ein einfach wohlgeformtes Wirtshausschild, wie beim »Gasthaus zum Storchen«, an der gemütlichsten Kneipe hier, die von innen mehr hält, als sie von außen verspricht. Wenn auch, wer just ins »Fürstenzimmer« kommt, das Bayerns Prinzregent Luitpold, dem Manövergast, einst diente, sich nicht so fürstlich fühlen mag. Und zarte Wesen mit leichtem Schlaf zudem die Kirchturmuhr martert. Überhaupt ein grassierendes Übel in Franken, wo die anziehendsten Wirtshäuser oft dicht bei den abstoßendsten Christentempeln stehn – eine akustische Epidemie, Tyrannei. Auch könnte der Storchenwirt wohl etwas freundlicher blicken und sprechen, selbst wenn er's, man sieht, man hört es, kaum nötig hat. Nicht jeder kann Prinzregent Luitpold sein...

Luitpoldstraße, Karlsplatz, das halbe Örtchen voller Weingirlanden, Blumen; das Fachwerk sehr kunstvoll am sonst schlichten Rathaus hinterm Röhrenbrunnen. Doch nirgends Bäume – sie rauschen draußen, in den Gärtchen längs der Mauer nebst dem, was davon übrig ist. Um wildverschilfte Teiche auch, Wehrweiher früher, wo in lauwinderregten Mai-, in Juninächten die stramme Froschbesatzung und -besetzung sich aufbläst, indes der kleine Kirchturm über Dächer und Türmchen fast geisterhaft entschwert in den Mondhimmel steigt, von Zeit zu Zeit, süß scheppernd, die Nachtuhr sich rührt, während tief unten, zwischen Kirche und Rathaus, Christus am Ölberg das Antlitz, die großgefalteten Hände, steif unentwegt dem fernen Gott, sich selbst, entgegenstreckt, auch die drei kleinen Apostel zu seinen Füßen die Gesichter gar eifrig zum betenden Herrn, meint man, hin heben, doch seelenruhig pennen, fort und fort. Zumal den Bartlosen beguck ich, den mit der schiefen Nase und dem so frivol, doch schmerzlich zugleich verzognen Mund – eine typisch fränkische Bauernvisage; und eine rührend komische Gruppe, durch die jetzt, weißheranstreichend, eine Katze im Slalomlauf gleitet... Nahbei sinkt manches, holunderumwuchert, in sich zusammen; Eckchen und Winkel, da riecht's noch nach Hexen.

Auch Prichsenstadt, 1367 bereits von Kaiser Karl IV. zur Stadt erhoben, sah wechselvolle Zeiten; hatte den König von Böhmen zum Herrn, den Burggrafen von Nürnberg – den Bischof von Würzburg zum Gegner. Mit sechshundert Reitern, viertausend Fußsoldaten und fast tausend Wagen schloß der Seelenhirte 1461 Prichsenstadt ein, legte die Weiher, die Gräben trocken und eroberte den Ort am 23. Juli des folgenden Jahres, beraubte, zerstörte ihn, verjagte seine Frauen, die Kinder und schleppte dreihundertdreißig bewaffnete Bürger, acht Juden, sechsundzwanzig Pferde, Hab und Gut mit sich. 1632 plünderten die Kaiserlichen da, brannten, mordeten, sogar den Pfarrer in der Kirche, 1812 kamen die Franzosen, dann die Russen, 1945 amerikanische Flieger...

Man ahnt all die Attacken nicht, streift man durchs liebe Prichsenstadt. Ja, wer wunderte sich, vernähme er, des Abends aus dem »Storchen« tretend, noch immer den Nachtwächter, wie vor kaum hundert Jahren: »Hört, ihr Herren, laßt euch sagen, unsere Uhr hat neun geschlagen. Neun vergaßen Dank und Pflicht, Mensch, vergiß der Wohlfahrt nicht!« Um Mitternacht rief er: »Zwölf Uhr ist das Ziel der Zeit, Mensch, bedenk die Ewigkeit!« Um vier, nach dem letzten Hornsignal, setzte er hinzu: »Vierfach ist das Ackerfeld, Mensch, wie ist dein Herz bestellt! Nehmt, ihr Weiber, euere Töchter vor den Söhnen stets in acht, herzlich wünscht euch euer Wächter ›Gute Nacht‹«.

Das Schönste, doch ich schwanke oft, ist vielleicht Sulzfeld. Und wer vermutet's schon, sieht er erstmals von der benachbarten Höhe über die Flußpappeln auf den sanften Weinhang samt Dorf! Ja, Sulzfeld ist Dorf, das einzige unter unsren bisherigen Perlen mit Stallgeruch. Aber – was macht es eigentlich schön? Die Ringmauer zwar ist weithin intakt, doch nicht überwältigend. Auch die Türmchen sind bescheiden oder hausähnlich aufgeschossen, zu adretten Wohnsilos umfrisiert; besonders oben, am Grabenschütt. Etwas esoterisch. Leicht distinguiert. Halbästheten ihre Herren, Viertelintellektuelle, Provinzsnobs, die sich da, etwa aus Würzburg, dem

Norddeutschen, ins »Ursprüngliche« gerettet, ins ganz und gar Ländliche, dem sie einen Hauch Kultur nun, Urbanität verleihen, eine Aura insistierender Besonderheit mit ihren fast stilgerecht aufgemöbelten Nisthöhlen. Sulzfelds Elfenbeinturmaristokraten, die Dorfnobilität, die sich allenfalls von Burg zu Burg grüßt, dezent und hoch über das Volk hinweg und bloß vor eigenen Besuchern unterkühlt mit dem Adelsturm protzt – dem Blaustrumpfkästchen.

Ja, was soll man zeigen von Sulzfeld? Nun eben: das Ganze. Wie es da, mit Gassen gleich Sturzbächen, von allen Seiten nach der Mitte zu herunterströmt. Wirklich, einmal muß das so gelaufen und dann darumgebaut worden sein. Überall rinnt's zusammen, taumelt das Pflaster wie Wildwasser her. Manchmal lächeln in Gassengiebel grüne Hänge von jenseits des Mains, steigen irr schmale Treppchen hinauf und hinunter, schwingen Dachfirste, Breitseiten, wahre Meereswogen, aufeinander zu und ineinander. Vielleicht sind außer der Stille die Dächer in Sulzfeld das Schönste. Als hätte der Wind sie zusammengeweht. Ein paarmal auch ganze Häuser wie Schiffe, im Zusammenstrom zweier Sträßchen; das kühnste, das graue Schiff, Alte Schulgasse/Langengasse: ein abgetakelter Dampfer, doch schwungvoll, hinten wohl dreimal so breit wie vorn, mit spitz hochstarrendem Kiel dem Anprall nie kommender Sturzsee entgegen. Ähnlich schießt ein zweites Haus, etwas unterhalb, Papiusgasse 2, in imaginäre Wellenstürme.

Natürlich ist das alles nicht ganz so dramatisch, der Ort ein Inbegriff an Verschlafenheit. Gleich die Alte Schulgasse – lebt da jemand überhaupt? Und wie lebt man da? Ein Häuschen, zwei Schmalbrustfenster bloß unterm Dach, eng zusammengerückt, wie der verrutschte Zwicker im Gesicht einer Greisin. Geranien in einem Trog. Kakteen in großen

Töpfen. Ziegelschatten fallen wie lange Palmenblätter. Schwalbenhuschen, Gezwitscher. Von irgendwo, kaum hörbar, zwei dünne Schläge einer englisch klingenden Uhr.

Gern geh ich im Halbrund der Ringmauer hinauf. Peuntgraben. Schon fast südländisch, vergammelt. Ein Musikfetzen – wie in Neapel, in Istrien. Das Pflaster scheint zu schwitzen. Manchmal bricht ein buntglühendes Gärtchen daraus, ein abenteuerlich kleiner Dachdschungel steht da, ein bescheidnes Türmchen mit überdeckter schwärzlicher Außenholztreppe. Eine Katze, dürr, gefleckt, schnürt im Hausschatten. Zwei Frauen plaudern leis übers Gäßchen; ich seh sie so den ganzen Sommer hocken. Dann ein halbdunkles Ortstor, grell der Sonnensog der Dorfstraße davor.

Oben erinnert mich der einfache schlanke Kirchturm, blaßgelb und braun gerandet, ein wenig an einen Kirchturm am Meer. Der große Zeiger – fünf vor Zwei – glänzt im frühen Nachmittagslicht, der Schiefer schimmert matt, Mauerefeu malt dicke Schatten auf den Weg. Ich liebe den Platz um die Kirche, der eigentlich gar kein Platz, sondern nur ein Weg da und einer dort ist, am hübschen Pfarrhaus vorbei, wie ich vermute. Fast alle Pfarrhäuser sind hübsch; aber nicht alle Pfarrersköchinnen. Es ist noch stiller hier als irgendwo in Sulzfeld. Ein bißchen Vogelgezirp bloß, Windwehn im Holunder. Einmal öffnete mir jemand den idyllischen Pfarrgarten zwischen überwucherten Mauern. Letzter Fluchtort früher. Hier würde ich gern Gemeindepfarrer sein – vorausgesetzt, ich müßte weder Andachten halten noch Predigten, müßte keinen Menschen taufen, keinen begraben, kurz, ich hätte weder Pfarre da noch Gemeinde, aber eine Frau vielleicht oder zwei. Dazu ausreichend Sulzfelder »Maustal« fürs reifere Alter. Eine schöne Pfarrstelle, wie?

Manchmal träume ich auch vom Hinteren Dorfweg, schon jenseits der schmächtigen Mauer, weißen, blauen Flieder vor mir, auf den Kirchturm hin, nun ganz in Bäumen und schläfrigem Vogelsingsang. Ja, eine schöne Pfarre, wirklich. Und was für ein Arbeiter im Weinberg des Herrn...

Einmal wollte ich das, bei Gott, werden – vor fast einem halben Jahrhundert (mit zehn; mit elf schon nicht mehr). Unglaublich, bereits so alt zu sein. Und indem ich's schreibe, fühl ich mich, vielleicht zum erstenmal, ganz hoffnungslos alt. Doch glauben Sie mir, nur ein knappes halbes Jahrhundert früher war ich noch ziemlich jung und dachte, nicht weit von Sulzfeld: Was nützt es dem Menschen, wenn er die Welt gewinnt, aber Schaden leidet an seiner Seele... (eigentlich denke ich das noch heute!)

Ich besuchte da, knapp zehn, das Dettelbacher Franziskanerseminar. Erst wackelte ich, ein Trimester lang, vom Haus mit dem Pranger hinaus ins Kloster; und dann vegetierte ich darin den ganzen langen Rest des Jahrs. Ich wurde Märtyrer; ohne Anspruch allerdings, je ins Martyrologium der römischen Kirche zu kommen. Ich halte auch einen Platz in der Hölle für entschieden standesgemäßer. Doch nicht einmal dort werden wir uns sehn. Vielleicht aber einmal in Dettelbach.

Nicht weil es schon 742, im Geburtsjahr Karls des Sachsentöters, erwähnt wird (als königlicher Meierhof). Nicht wegen der Ritter von Tetilabach, die da durch das Hoch-, das Spätmittelalter die ganze Gegend schröpften. Nicht wegen der wunderreichen Wallfahrtskirche samt den Franziskanern, die nach den Tetilabachs alles ausnahmen und einnahmen – denn schließlich ist auch das fast vorbei. Berichtet doch Karl Julius Weber, der wache Deutschlandreisende, schon 1826 in der Vergangenheitsform: »Hier gefielen sich die Kinder des heiligen Franz nicht wenig; robust und von Gesundheit strotzend, bedienten sie den Wallfahrtsort mit der größten Artigkeit, so daß er einer der berühmtesten in Franken war, und hatte treffliche Kasuisten, die mit Todsünden und den erläßlichen Sünden und dem Gewissen der Kinder dieser Welt fein umzugehen und schlau zu distinguieren wußten ...« Nein, nicht einmal wegen Tante Rettel, Tante Marie, Onkel Franz, dem Pater Direktor und Pater Bademeister, der uns die kleinen Knabenrücken kraulte, müssen Sie kommen, denn die sind alle tot.

Doch kommen sollten Sie nach Dettelbach, in den verkörperten Dornröschentraum mit Stallgeruch. Nicht so dörflich wie Sulzfeld, aber auch so geleckt nicht, so fremdengeldlüstern wie das recht hübsche Volkach daneben. Nur einen Tip noch. Falls Sie es ermöglichen, schauen Sie in hundert Jahren noch einmal vorbei. Das Faltertor und all die Türmchen, die dort gar phallisch durcheinanderpurzeln, sehen dann wohl wieder aus, wie sie jahrhundertelang aussahen, bevor sie ein ingeniöser Kopf so schön glattgelb verputzen ließ wie unten die Bank des Fürsten Castell.

Einstweilen erholen Sie sich davon – natürlich im »Grünen Baum«, im Herzen Dettelbachs. Denn alles ist hier zur Erholung angetan, die Wände und Weine, die Wirtsleut, ja noch die Sprüche, womit der Chef des Hauses die Speisekarten würzt. Nicht nur: »Wußten Sie schon, daß ältere Herren junges Gemüse besonders schätzen ...? Wir empfehlen Gemüseplatte ...« Sondern: »Der Teufel ist nicht so schwarz, wie man ihn malt.« (Ich ziehe ja auch einen Höllenplatz vor.) »Nicht jeder, der den Teufel an die Wand malt, glaubt an ihn.« – »Was übrig läßt der Fiscus, das holt Christus ...«

Haben Sie auch nach dem »Grünen Baum« noch was im Beutel, ist's ein Sprung bloß über den Berg –

und schaun Sie sich auch oben um! – zu Köhlers kleinem Straßengarten: Keiner liegt herrlicher am Main, und nirgends ist dieser so lieblich wie zwischen Bamberg und Würzburg. Doch da der Wirt »Zum Schiff« sein Kleinod nur am Wochenend auftut, geht's meist nach Escherndorf, zum nächsten Ort, urwüchsig und schmal am weiten Weinbergbogen. Kein schlechter Tausch, trotz allem. Und wakkeln Ihnen, nach dem »Lump«, dem »Fürstenberg«, noch immer nicht die Knie, dann rasch zur Vogelsburg darüber. Und zweifeln Sie nicht gleich an sich, sehn Sie von dort, wo einst schon Kelten hausten, den Main doppelt: Er macht nur eine Schleife da, als wollt er noch verweilen, so schön ist es (so schön ist es gewesen, eh deutsches Militär ihn ausgerechnet hier versaute!).

Und vielleicht, wer weiß, heben Sie, wie einst Freund Kreuder, nun den Arm und deuten über Weinberge und Wasser nach einem alten Dach im Wald: »Was ist denn da...?« Ach, ich wußt es nicht und gräme mich noch heut deshalb: – es ist die Hallburg, der schönste Wirtshausgarten, den ich in Franken kenne, und Ernesto liebte alte Wirtsgärten fast über alles. Da also hin, und mögen Sie in Ruhe, in tiefer Ruhe jetzt, sich tiefer noch vertiefen, ins Bier-, ins Weinglas, in den Baumschatten ringsum, den Gerupften, das alte Schloß, die Pferde auf der Weide, in Ihr Gegenüber, Ihr lichtes Innenleben selbst. Und wenn Sie, mag's am Gersten-, am Rebensaft liegen, an Ihrem Kopf gar, dann all die Mauern, Tore, Namen ganz gräßlich durcheinanderbringen und nichts mehr an den rechten Ort, wenn Ihnen auch ohnehin das alles doch gehupft wie gesprungen scheint, Jacke wie Hose, ja, wenn Sie, zum Teufel, dies ganze Gepurzel an Türmchen und Häubchen und Täubchen satt haben inzwischen, dann hilft nur noch eins... zurück in den Wald, zum Weinberg über

Handthal, zum Zabelstein und ein langer Blick, am besten zu verschiednen Tages-, Jahreszeiten, unter wechselnden Beleuchtungen, auf mein gelobtes Land...

Dettelbach – Trauma meiner Kindheit

Für Leopold Baumann (1890–1974)

»Bin ich in einer halben Stunde nicht zurück«, sagte ich zu meiner Frau, »hol ich die Polizei«, ergänzte sie.

Ich hatte das Kloster neununddreißig Jahre nicht mehr betreten. Die frühere Pforte – mit der schönen alten Uhr hoch darüber, schon nah den Baumwipfeln – dient nun bloß einigen »Laien« noch in einem Trakt, den die Mönche seit Kriegsende vermieten. Der eigentliche Eingang aber ist jetzt eine gewöhnliche Tür, etwas abgelegen, fast verborgen. Immerhin mit Sprechanlage.

Ich drückte den Knopf, wartete. Ich klingelte wieder; dann noch einmal. Eine himmlische Stille. Nur die Vögel, spätsommerlich müde, hingen grüne klingende Girlanden ums Haus. Endlich eine Stimme, der ich meinen Wunsch vortrug. Ich hörte, fühlte beinah, wie sie sprachlos wurde. Schließlich faßte sie sich und erbat Bedenkzeit. Ich sah an den gelbverblaßten, sonnenüberhuschten Mauern hin. Neununddreißig Jahre...

Da summte es, ich drückte die Klinke und stand zur Linken gleich vor einer weiteren Tür, sehr hell und nagelneu noch. Ich wartete wieder, musterte das Holz, musterte die totenstille Umgebung und fand mich plötzlich selbst gemustert von einem, der da seitwärts regungslos gelauert und mich in aller Seelenruhe aus seiner Dämmerung heraus betrachtet hatte.

Eine Falle. Der Kerl grinste übers ganze Gesicht. Gutmütig verschmitzt, ein bißchen hinterhältig, triumphierend, schwer zu sagen. Auch trug er Zivil; Cordhose, helles Hemd, die Ärmel hochgekrempelt. Tarnung? Richtig. Freundlich feixend gab er sich als »Bruder« zu erkennen. Was demonstrierte er? Güte? Geistliches Glück? Den Fortschritt in der Cordhose? Oder hatte er einfach Zeit, Zeit, die Ewigkeit im Rücken, und nun kam einer von draußen, aus der verrückten Welt, und sollte auch gleich merken: Das alles hört hier auf, steht still. Dämmerkühle bloß und tiefes Schweigen, eine immerwährende Siesta vom Mittag bis in die Nacht. Ich sah den Mann da hocken irgendwo, etwas hantieren manchmal, von der Sonne in den Schatten, vom Schatten in die Sonne wechseln und die Zeit an ihm vorübergehn, als gäbe es sie nicht.

Ja, vor ein paar Jahren! Vor dem Pater Agathangelus! Ehe der die Pforte verlegen, hier durchbrechen ließ! Also, da mußte der Pförtner immer erst von der Küche zur Pforte. Denn der Pförtner war auch der Koch. Na, bei dem Personalmangel jetzt! Die Küche aber lag entgegengesetzt. Und bei jedem Läuten sprang der Koch aufs Fahrrad, fuhr durch die Klostergänge, und war er an der Pforte fertig, radelte er wieder zur Küche zurück.

Der Mann in den Hemdsärmeln beguckte mich belustigt. »Soll ich den Chef rufen?« fragte er. »Oder geht's mit mir auch?« Ich dankte, es gehe auch mit ihm – und das war gut. Der »Chef« nämlich starb am nächsten Tag. Unter der Zeile »Tod befahl die letzte Reise« meldete unser Lokalblatt mit seinem Sinn für Schicksalsschläge den Heimgang des Guardians vom Kloster Dettelbach – »für seine Mitbrüder deshalb überraschend«, hieß es, »weil er an seinem Sterbetag noch eine Reise nach Füssen antreten wollte ...«

Doch um Legenden vorzubeugen (denn heute schon raunt der *Antonius*, Journal der bayerischen Franziskaner, verdächtig von diesem »plötzlichen Tod«): Ich sah den »Chef« damals nicht, keinen Augenblick. Vielmehr, während ich noch staunte, wie lässig der »Bruder« von seinem Oberen sprach, wie salopp, nahte mit feminin schleifender Soutane ein junger Pater, eher schmächtig, doch wieder schmunzelnd, duzte den andern und wurde auch geduzt. Und gleich war da, ehe dies Mönchlein meine Führung übernahm, in weichen fränkischen Akzenten ein heiter-nichtiges Gespräch um mich, und mein Gefühl von einem ewigen Sonntagnachmittag in einem fast unbewohnten Domizil verstärkte sich.

Das Kloster Dettelbach – wie könnte es anders sein – ist die Frucht eines Wunders. Ein auswärtiger Taglöhner, anno 1504 dort arg verprügelt, wurde ein Jahr später, so das *Dettelbacher Wallfahrtsbüchlein*, »auffallend schnell gesund«. Er hatte endlich die Madonna angefleht, einen hölzernen Bildstock der schmerzhaften Muttergottes in den Weinbergen, den die Winzer besonders verehrten. Die rasche Heilung sprach sich herum – nicht zuletzt wohl, weil der Arme sie so billig bekommen, nur eine Kerze geopfert hatte und von den Stadtvätern auch prompt ausgelacht worden war.

1506 aber kaumen schon Tausende, bald von immer weiter her, und mit ihnen – denn ein Wunder bleibt selten allein – auch immer neue Mirakel. Der gelehrte Abt des Würzburger Schottenklosters, Trithemius, stellte seinerzeit – »mit großer Gründlichkeit« – bereits einundsechzig wunderbare Gebetserhörungen fest.

Die kleine Steinkapelle, die noch 1506 entstand, wurde unter dem Bischof Julius Echter von Mespelbrunn durch die jetzige Kirche ersetzt und 1613 eingeweiht. Und noch ehe der Prälat 1617 das Zeitliche segnete, rief er die Franziskaner herbei. Denn so eifrig Seine fürstlichen Gnaden die evangelischen Pfarrer, Lehrer, Beamten ihrer Ämter enthob und vertrieb, so eifrig förderte er das Gnadenleben in

Dettelbach, zumal er seit je ein überaus frommer Madonnenverehrer war – und folglich auch wieder eines der rührigsten Mitglieder der Liga.

1616 trafen die ersten Franziskaner ein, gründeten gleich neben der Kirche das Kloster, einen vierflügeligen Bau mit Innenhof – und 1631 kamen die Schweden. Ja, Gustav Adolf selbst nahm in Dettelbach Quartier, und die bösen »Ketzer« hausten gar übel. Noch jetzt kündet eine Bildtafel an der äußren Chorwand von jenem Unhold, der da den heiligen Kelch mißbrauchte:

O Pilgram mit uns verehr solchen Ort,
weil hier gelegen ist das wahre Himmelsbrod.

Zwei, drei Mönche sind damals umgekommen, weitere verdroschen worden. Daß sich Dettelbach, vom großen Krieg schwer ausgebeutet, verhältnismäßig bald erholte, verdankt es zwei Dingen vor allem, die beide der Seligkeit des Menschen dienen sollen, der Wallfahrt und dem Wein. Und der Wein gedeiht bekanntlich noch heute.

Im übrigen gab es im zwanzigsten Jahrhundert hier bloß einen Märtyrer, und der war ich. Wahrhaftig, ich hatte nicht die Geschichte im Kopf, als ich mit dem Pater zum Refektorium ging, wo ich als Zehnjähriger gesessen hatte; weder die Geschichte des Klosters noch die der Kirche oder die Dettelbachs, nur meine eigene: dies entsetzliche Heimweh, das ich da litt, das mir oft Tränen in die Augen trieb, die Stimme wie abschnürte und das Lernen einfach unmöglich machte. Wirklich, es war ein Martyrium – und ein weiteres Wunder unter den vielen dort, daß ich die erste Klasse bestand.

Das Kloster, das die Franziskaner seit 1616 ununterbrochen besitzen, wird heute von fünf, sechs Mönchen bewohnt; bestimmt war es für fünfundzwanzig. Ich warf einen langen Blick ins Refektorium. Dann der Hof, wo wir Schlagball und Völkerball gespielt – grau, schmal, häßlich. Doch der Garten jenseits der Mauer (wir durften freilich kaum hinein) immer noch schön, weitläufig fast. Die rechtwinklig aufeinanderstoßenden Wege dicht überwuchert von lauter grünem Wein, wie einst. Sonne hing herum, Stille.

Wir gingen nach oben; leider modernisiert. Sah unklösterlich, nach Zivilistenbleibe aus, paßte nicht recht. Einmal eine mächtige Vitrine wie ein Schaufenster, scheußlich, und auf Anregung des ingeniösen Architekten mit Votivgaben, kirchlichem Nippes gefüllt. Bloß an einer Stelle plötzlich noch der alte Gang, der abgetretne muldige Sandsteinboden, die krummen finstergrauen Wände von früher.

Hier lag unser Studiersaal. Die Reihe der Fenster zum Hof. *Mensa, mensae* . . . Das Bild des Guardians. Ein ehemaliger Artillerieoffizier, lang und stark kopflastig. Rechnen. Sein hoffnungsloser Blick auf mir. Alle meine Mathelehrer blickten hoffnungslos, sahen sie mich.

Und da, hinter der offnen Tür, wo eine funkelneue Waschmaschine völlig deplaciert herausblitzte, dies war das Bad. Hier hatte uns der Pater Direktor gebadet, jeweils zu viert oder fünft in der riesigen Wanne, immer am Samstag. Ja, da stand er und beugte sich in seiner braunen Kutte, die Ärmel hochgestülpt, mit weißen, fleischigen Armen wie eine große, weiche, etwas wabbelige Mutter über uns, beaufsichtigte alles und wusch uns den Rücken. Die Älteren, die Zweitklässer, wurden gesondert gebadet, tuschelten da öfter, dann machten die Nazis dem Pater den Prozeß und hoben das Seminar auf.

Vor einigen Jahren starb er in München, sagte das freundliche Mönchlein an meiner Seite. Ich schaute in den vermieteten Trakt, wo wir einst schliefen.

Wirklich, da war auch noch das alte Holzportal an der Treppe. Einmal, nach Ferienschluß, meine Eltern hatten mich gerade abgeliefert, bin ich da wieder hinuntergerannt, weil sie draußen noch mit dem Pater Direktor sprachen, dem Pater Bademeister, ehe sie wieder fortfuhren im kleinen BMW meines Vaters, zurück in den Wald, zu den Weihern, den Reiherrufen morgens im Nebel, ach, und ich wollte mit, mit...

Die Bibliothek kannte ich noch nicht. Ein länglicher Raum, im abgedunkelten Nachmittagslicht herrlich honigfarben. Bis unter die Decke Folianten, ferne Epochen, Theologie, und gleich kam da die Lust zum Schmökern, Stöbern in all der fabelhaften Wissenschaft. Manchmal auch Kunterbuntes aus neuerer Zeit, wahllos, ungeordnet. Doch alles überdeckt von tiefem, tiefem Staub, in fast überirdischer Ruhe. Draußen, unbewegt, wie abgestorben, der Innenhof des Klosters. Hatte ich ihn je gesehen? Und auf einem Fensterbrett eine zugeklappte Mausefalle ohne Maus – das einzige, was hier von fern an Menschen erinnerte. »Wird die Bibliothek«, fragte ich, »wird die denn noch benutzt?« »O ja, o doch.« Der Pater wurde lebhaft. Erst vor drei Monaten habe er sich da Unterrichtshilfe für seine Religionsstunde im Städtchen geholt. Ich starrte auf den Mann, die Foliantenrücken, sah zur Mausefalle. Einst hatte man die theologische Ordensschule hierher verlegt, dann an ihrer Stelle das Knabenseminar eingerichtet, und nun fing man Mäuse. *Sic transit gloria ecclesiae.* Ich war verzückt, verzückt von dem Lauf der Geschichte und ihrem traurigen Rest. Der Raum umspann mich wie ein Wesen, fast wie mehr, etwas stumm Lebendiges im alten Nachmittagslicht, tabakbraun, brüchig, langsam ersterbend im Zeitenschutt. Ach, lehrte man da eine mystische Liebe zum Leben, zum Hier und Jetzt, zu Frau und Mann, zu Vogel, Wald und Wasser, wie hätte ich nicht in einer dieser Kutten untertauchen sollen?

Mein Cicerone zeigte mir noch den Gang, der das Kloster mit der Kirche verbindet. Ich hatte darum gebeten. Denn an diesem Gang hing mein Herz.

Wir passierten den schmalen Raum über dem Torbogen jeden Morgen um sechs, nur für Sekunden, wenn wir, zwei und zwei, zur Frühmesse gingen. Und jedesmal, auch bei stockdunkler Nacht noch, sah ich dann durch die beiden kleinen Fenster, sah im Sommer, einen Herzschlag lang, den Wald am fernen Horizont, den Steigerwald, und war krank fast vor Heimweh. Und doch schrieb ich meinen Eltern mit der großen, steifen, ungelenken Schrift des Zehnjährigen: Was nützt es dem Menschen, wenn er die ganze Welt gewinnt, aber Schaden leidet an seiner Seele...

Als ich 1934 nach Dettelbach kam, besuchte ich die Franziskanerschule zunächst ein Vierteljahr lang als Externer. Ich wohnte in der »Stadt« – Dettelbach ist dies seit dem fünfzehnten Jahrhundert, da auch gleich vom Würzburger Bischof befestigt mit dreiundfünfzig Türmen und fünf Toren, doch urkundlich erwähnt, als königlicher Meierhof, schon 742, im Geburtsjahr Karls »des Großen«... Meine Eltern also brachten mich, zum bessren Eingewöhnen, erst ins Vaterhaus meines geistlichen Paten. Jeder, der Dettelbach kennt, kennt auch das Haus, denn es ist das Haus mit dem Pranger.

Ano 1674 zu
Dettilabach
hat hohe Rath allhie
den
PRANGER

laß mach für
bös Leut

Gleich daneben, ehe die Gasse in den winzigen Platz einmündet, das eigentliche Herz der kleinen Stadt, steigt die alte Steintreppe breit und, wie mir damals vorkam, fast endlos an dem Haus empor. Doch oben auf dem Hügel, wo im Hoch-, im Spätmittelalter die Burg derer von Tetilabach sich erhob – der Ritter Hans, der Edelmann, besaß um 1364 Rechte und Liegenschaften in zweiunddreißig Orten –, droben auf dem Hügel, den nun längst die Stadtpfarrkirche krönt, ist das mehrstöckige Haus so niedrig, daß man leicht zum Dach greifen kann, ein richtiges Hexenhaus. Und leicht hätte man in frömmeren Zeiten auch Tante Rettel für eine Hexe halten, examinieren, peinlich befragen und in Rauch auflösen können, obwohl sie sicher grundgütig war – ein kleines, verhutzeltes Weiblein mit zerknittertem Zwergengesicht, einem eingefallenen, mich immer ermunternd anlächelnden lippenlosen Mund, arg schmalen, kaum vorhandenen Schultern, doch nach unten überraschend voluminös, vielleicht weil sie da tatsächlich voluminös war oder auch nur wegen ihrer stets weiten, bauchigen Röcke, die bis zum Boden reichten und höchstens den Sohlenrand ihrer Schuhe preisgaben, mehr nicht. »Sie ging umher wie eine wandelnde Kirchenglocke« – dieser Satz Gorkis erinnerte mich später an Tante Rettel. Ja, sie watschelte da, kummervoll oder verklärt, jedenfalls in unerschütterlichem Gottvertrauen, durch die kleinen krummen Gänge, Räume, träumte in den Nächten von mir, und immer denselben Traum. Tante Rettel sah mich, erwachsen schon, zwanzigjährig, in der Gesellschaft junger Damen, Herren, in eleganten, urbanen Milieus, und dort stets mit einem Kreuz am Boden. Ja, unser armer Herr und Heiland, unser gekreuzigter Erlöser lag da, und all die jungen Leute traten, spuckten darauf und führten gar böse, lästerliche Reden. Ich aber, Gott, ich war mitten unter diesen Teufelssöhnen, -töchtern und tat mit. Oder tat ich's nicht? Tante Rettel sah, nein, sann mich an, hellsichtig, aus uralten lächelnden, leidenden Augen, und oft, wenn sie vor oder nach dem Essen gebetet, laut im Stehen vorgebetet hatte und zuletzt auf ihre kaum wahrnehmbare Stirn, den lippenlosen Mund, das ewig graue bauchige Kleid mit großem Ernst, langsam, überaus korrekt, als hinge eben davon ihre Seligkeit ab, mit gestrecktem Daumen das Kreuz zeichnete – da dachte ich an jenes andere Kreuz, auf das sie mich in ihren qualvollen Nächten treten und spucken sah im Kreis jener gottlosen Jugend.

Jeden Tag wackelte Tante Rettel die drei, vier Schritte übers Kopfsteinpflaster zur Kirchentür, jeden Morgen, jeden Abend, auch häufig dazwischen, und war es auch nur für ein Vaterunser oder Gegrüßetseistdumaria, als habe man da die Pfarrkirche eigens für sie und ihr ewiges Heil hingestellt.

Und auch Tante Marie, die viel jüngere, ging täglich hinüber, wenn auch weniger oft, Tante Marie, die mich besonders bemutterte, doch immer ein wenig bekümmert, wie verschmollt dreinschaute und überhaupt an die Maria im Glasschrein des Gnadenaltars der Wallfahrtskirche erinnerte, die kleine schmerzhafte Muttergottes mit dem vom Kreuz abgenommenen Leichnam ihres göttlichen Sohnes im Schoß, nur daß Tante Marie, die Unvermählte, keinen Sohn hatte, aber vielleicht eben darum den Schmerz. Es war traurig, er wich nie ganz von ihr, ob sie in der Küche stand, die Kämmerchen, die Betten oder ihre armseligen Geschäfte machte in dem Lädchen an dem einen Ende des langen schmalen Gangs, dem kleinsten, das ich je sah, wohin sie, mürrisch-pflichtbewußt, doch etwas zerstreuten

Blicks meist, auf ihren Pantoffeln schob, wenn dann und wann die Glocke mit dem großen Glockenzug läutete, selten genug, ein gläubiges Kind kam und Tante Marie ein kaum fingerlanges Kruzifix verkaufte, heilige Gipsfigürchen, ein Medaillon, einen Rosenkranz aus Holz oder Perlen und buntedlem Gestein oder gar einen kompletten Mini-Maialtar; freilich manchmal auch Schulhefte nur, Federhalter, denn wer lebte schon von Religion allein, stand er nicht festbestallt, mit Gehalt und Pension, im Dienst dessen, der da lehrt: Sammelt nicht Schätze auf Erden ... Keiner von euch kann mein Jünger sein, der nicht auf alles verzichtet, was er besitzt ...

Dettelbach ... Ja, einen Sommer lang ging ich dort durch die niedrige Tür, während Onkel Franz am andren Ende des krummen, knapp einen Meter breiten Gangs in seiner winzigen Druckerei viel Frommes, Erbauliches druckte, er aber mit heiterer Miene, dem Gesicht eines Junggesellen, eines heimlichen Bonvivants wohl gar, ging ich an der fensterlosen geduckten Hauswand unter der Dachrinne, an der hohen Kirche vorbei, Tante Rettels Träume im Ohr, die ersten lateinischen Hieroglyphen im kleinen Kopf, unlösbare Mathematikaufgaben, und im Herzen Heimweh, schritt ich in die schmale Pflastergasse und dann durch das Faltertor, die Gärten, hinaus ins Kloster ...

Was nützt es dem Menschen, wenn er die ganze Welt gewinnt ...

Ich hatte bereits den Krieg hinter mir, studierte schon, als ich zum erstenmal wieder nach Dettelbach kam, und auch später lagen oft Jahre zwischen meinen Besuchen – Tante Rettel tot, Onkel Franz tot, Tante Marie, und alle Fensterläden der Wohnung geschlossen.

Doch noch immer spüre ich, wie es in mir zu kribbeln beginnt, komm ich nach Dettelbach, wie es mich sanft erregt, verändert fast, mich mehr bewegt als die Grenzen ferner Länder, mehr sogar als die bei Probstzella oder Hof. Denn hier ist's nicht der Raum bloß, nein, die Zeit, Erinnerung ... Wie auf Taubenfüßen naht es, wie ein Septembertag aus Nebeln, fahr' ich die alten Wege her, aus den Wäldern hinab, die sanft zurückschwingen dann, blau verschwiegen an die Horizonte, während die Ebene sich öffnet mit Pappeln und Mühlen, Kirchtürme, klein und nadelspitz in den Himmel gekippt, umspielt von Wolkenschatten, Sonne, und nur selten noch, plötzlich am Straßenrand, die roten Martyrien des Mohns. Schon kommt der Main, der liebste unter den Strömen mir, der lieblichste, bescheiden zwischen Feldern hier, ein Schiff vielleicht, dann Münsterschwarzach drüben und jetzt vor den kahlen, den stets so fremden, unvertrauten Höhn: Dettelbach, an den baumlosen Prallhang des Mains geschmiegt, und dort das Kloster, »Maria im Sand«, schwarzbeschiefert, einst abseits, doch nun vom ausufernden Ort fast umschlungen.

Hält man davor indes, an einem Sommernachmittag, gleicht's einem Stück beinah aus einer Sage – wie die wenigen Bäume, seltenere Koniferen, da die Wände, die schlichten, die Dächer umschirmen, der gelbe Weg darunter, Vögel, die alte Uhr oben, noch so wie immer, sie scheint zu stehn.

Etwas fremdländisch, leicht exotisch, südlich. Und wahrscheinlich doch stammt einer der Kirchenerbauer, der Würzburger Stadtmauerer Lazaro Augustino, aus Rovereto. Und Augustino, der »welsche Baumeister«, der vielleicht selbst die Pläne schuf, erstellte auch die einfache Vierflügelanlage des Klosters mit den Merkmalen der Juliuszeit, vor allem der schönen kargen Wandbehandlung, Flächen, auf denen das Auge ruht, wie das Ganze in sich ruht, schweigt.

Nur das Kirchenportal, dies bewegte Ineinander von Figur und Ornament, hat Michael Kern ein wenig bombastisch gemeißelt. Ja, »Meister Michael Kern«, meldet mit Erlaubnis der Ordensoberen und des Bischofs das *Dettelbacher Wallfahrtsbüchlein,* »Kern lieferte bis zur Einweihung das prachtvolle Hauptportal, später, 1626, kam seine figurenreiche Kanzel zur Aufstellung. Der Kern ist aus Sandstein, die Figuren aus Alabaster...« Jedenfalls eine der grazilsten Steinmetzschöpfungen deutscher Renaissance, diese Kanzel. Und gekonnt auch die schlanken Rippenfigurationen der fast schwebenden Decke. Sonst freilich allerlei Mischmasch: gotische Tendenzen, Frühbarock, spätes Rokoko – nichts Weltbewegendes, sieht man vom Wunderbaren eben ab. Doch wer könnte das in Dettelbach?

Im Langhaus der kreuzförmigen Kirche hängt denn auch zum Erweis der Fülle vergangener Gnaden Votivtafel an Votivtafel, gar eindrucksvoll bebildert: »A: 1507 Valentinus Waldsachß Wirtzburger von feints Volk in einen starken thurn geworften, darin 40 tag lang übel tractiert, verlobt der H.Königin alhier 100 Pfundt wachß, darüber erhört... hat sich mit blossen Händen widerumb heraus saluiert.« Oder da, im selben Jahr, der »knab mit groser schwacheit behafft einem wassersüchtigen gleich aufgeblasen und von den umbstehenten albereit für tod judiciert«, hat dann doch wieder »gude gesundheit des leibs erobert«. Oder die »Elisabeth von Bibergau ein Weberin 3 Jahr lang mit gifftigen blatteren behafft, das sie nichts als allein die Zungen regen kundte...« Auch wieder fit geworden. Eines der sprechendsten Wunder aber wurde an Wilhelm von Bayern gewirkt. Von Bischof Julius, dem großen Förderer der Dettelbacher Wallfahrt, animiert, brach der Herzog auf, kerngesund, kam krank an und reiste drei Tage später genesen wieder ab.

Wunder über Wunder. Doch die heutigen Frommen, Hilfsbedürftigen, die noch zum Gnadenaltar eilen, haben kaum Sinn mehr für die Zeugen alter Zeit. Sie begehren selbst erhört zu werden. Und während ich die Texte entziffre, fällt mir Diogenes, der Kyniker, ein, der zu einem Bestauner der Weihgeschenke im alten Heidentempel Samothrake sagte: »Weit mehr noch wären es, hätten auch alle, die nicht gerettet wurden, welche gestiftet.«

Wieder draußen, ist's befreiend, die Vögel zu hören, die Bäume zu sehn, und schön, sich aufs Städtchen zu freuen. Gewiß, es gibt berühmtere in Franken. Doch welches ist so unverfälscht, so echt, wie dieses mittelalterliche Dettelbach, das einst ein irrer Schlaf überfallen und darin Jahrhunderte gelegen haben muß, ein versteinertes Dornröschen?

Natürlich hat Dettelbach ein Ortsoberhaupt, Stadträte, sicher gibt es einen Fußballverein, vielleicht einen Schachclub, eine Mittelschule oder ein Hallenbad, und SPD und CSU gewiß, möglicherweise einen Juso oder gar Anarchisten, auch liegt selbst der *stern* aus, und all das mag mehr oder weniger aktiv, ehrgeizig, erfolgreich sein – nur, wen interessiert's, kommt er nach Dettelbach?

Noch der Juso, zugegeben, lockte mich weit weniger als, zum Beispiel – kehrt man vom Kloster zurück – gleich dieses Faltertor: wuchtig und untersetzt, so ein richtiger fränkischer Trutzblock mit der kleinen, frechen, steifen Spitze auf dem Dach, während daneben, an der zerfallenden Mauer, Türme dick und rund wie eine ganze Pilzkolonie quellen, schmale Fensterchen, kesse Hauben, zuweilen Fachwerk, ein phallisches Steigen aus Zwerggärten, Gesträuch, aus schwellendem Grün, Treppchen und Winkel, und ein wehender, weißflaggiger Himmel darüber.

Wir bummeln durchs Tor, hinein in die Gasse,

die, italienisch schmal fast, nach unten sich biegt, Balkons und Erker, auch wie vom Süden importiert, ein Widderkopf in Stein, das Pflaster von Jahrhunderten geschliffen, alles ganz reizvoll, doch ohne Aufwand, anmutig herb bis ländlich derb, aus einem Guß. Dann das Haus mit dem Pranger, die Treppe, die Pfarrkirche droben, das lustige Motiv der ungleichen Brüder, der mächtige vierkantige Hauptturm, daneben sein viel zu kurz geratener runder Genosse, die Holztreppe dazwischen. Unten eine Piazza en miniature, ein paar schmalbrüstige Häuschen, spitzgiebelig freilich, ein Hexennestlein neben dem andern, Knusperknusperknäuschen.

Auch im Rathaus dahinter, fünfhundert Jahre alt, mag es zu knuspern geben, zu knacken, Rosinchen und Nüßlein, was kümmert's uns. Doch wir bewundern, wie es, deutlich auf Abstand erpicht, prätentiös sich hochreckt und seine Freitreppe imposant zu der kleinen Türvorhalle schickt, über der recht schmuck das vorgekragte Chörlein thront.

Dann schlendern wir zurück durch die Durchfahrt, die das Erdgeschoß der Länge nach teilt und den Schnepfenbach überbrückt – ein unberühmtes Gewässer, mit Recht. Und weil wir doch schon etwas müde sind, kehren wir, schräg gegenüber dem Pranger, natürlich im »Grünen Baum« ein, der da maßvoll behäbig, mit dickbauchigen Fenstergittern, einer alten Holztür steht, über die man gerne mit den Händen streicht; ein Gasthaus, das auch noch Gasthaus heißt und von innen genau hält, was es von außen verspricht.

Und während wir hier hocken zwischen Butzenscheiben, Dunkelholzgetäfeltem, an gelbverblaßten Wänden – Zinnteller, ausgediente Krüge um uns, Bocksbeutel noch unter der Decke, alles angenehm niedrig, ein wenig eng, doch nicht zu eng ist, der junge Wirt Salvator kredenzt, leider, es läßt sich nicht leugnen, aus München, und einen Dettelbacher, der flüssigen Stein an den Gaumen zaubert, einen starken Ruch nach Erde, eine Spur nach Öl, als müßte auch hier ein Hauch Süden drin sein, da fängt das alles leicht zu kreisen an: drüben das Haus mit dem Pranger, die alte hohe Treppe, oben steht der Ritter von Tetilabach und schwenkt eine Urkunde aus dem Jahr 742 in der Hand, darunter watschelt Tante Rettel in die Stadtpfarrkirche, Onkel Franz druckt Erbauliches und lacht hoch vom Turm, indes Tante Marie sich in die schmerzhafte Muttergottes verwandelt und der Pater Bademeister die kleinen Knabenrücken krault. Und als es wieder hinausgeht dann, alle sechsunddreißig Türme sich verneigen, dieser steingewordne Traum zurückbleibt und jetzt fast ein wenig Heimweh auch, als der Wald sich langsam nähert schon, mit Nebelfahnen, mit Kukkucksrufen am Morgen, da ist noch etwas in der Luft, im Wind, da klingt es, sinnt es fort: Was nützt es dem Menschen, wenn er die ganze Welt gewinnt, aber Schaden leidet an seiner Seele ...

Von Bamberg, wilden Enten und zahmen Heiligen

Dem Andenken des fast einzigen meiner Lehrer, dessen ich mich dankbar erinnere, Dr. Andreas Fehn. Und seinem Schüler, dem Lehrer Sepp Schmidt.

Schon wieder die Altenburg!

Der Schreckensruf stets, sah ich, im Auto neben meinem Vater, den einsam runden Turm am Horizont... Wie fern die Stimme der Mutter schon, das Haus, die Gärten, Weiher, Holzkähne, ertrunken halb in Wasserlilien, Schilf. Seerosen, Froschchoräle und Springbrunnenlitaneien. Wie nah die Kerker meiner Kindheit nun, Internate am Kaulberg, Schulen. Schon wieder die Altenburg...!

Erwachsen aber, vom blöden Zwange frei, ging ich nicht ungern in die Stadt; ja, bald verliebt, wahrhaftig, in den Alptraum meiner Jugend: den blauen Bogen ihrer Berge, die nahen grünen Hügel, hohen Turmparaden, die Enge dort und Weite, die schöne Überschaubarkeit. In Stein scheint's zu entschweben, in Dächern zu beflügeln sich, die Gassen voller Schwung, und wunderliche Winkel, deutschbieder meist, doch auch vergammelt fast, schier südlich. Die Regnitz ja nicht zu vergessen, die Brücken, Stege, Mühlen. Ein Ort, fand Immermann, wie die Kommode einer alten Großmama.

Und überall Erinnerungen. Gleich das Balthasargäßchen da am Kaulbergfuß. Versteckt etwas, heimlich. Hier sollte, postalisch erbeten, mein erstes Rendezvous sein. Und wirklich, kaum glitt ich ins Gäßchen, kam unten auch schon die Umschwärmte vom Schönleinsplatz. Wir gingen aufeinander zu, begegneten uns just in der Mitte, und ich schritt, ohne hinzusehen, starr vorbei. Nie ahnte auch die kleine Baroneß vom Jakobsberg, ein schmales, weizenhelles Wesen, wie meine Phantasien sie umwoben, ja wußte kaum von meiner Existenz.

Ein andrer freilich nahm mich dann und wann zur Kenntnis. Er wohnte nächst der Stephanskirche. Ein schönes Domizil; frei, hochbaumüberdacht. Mein Mathelehrer. Ein einzelgängerischer Oberbayer. »Jojooh, Deeschner«, pflegte er zu sagen, »ein bliiihndes Huuuhn fihndet auch einmal ein Kooorrn ...« Galt beinah als Genie. Auch als Kryptokommunist. Hob pflichtgemäß, wenn er zur Stunde kam, die Klasse aufgestanden war, den Arm, scheinbar zum »deutschen Gruß«, den er nie sprach, und ließ dann Arm und Hand, steif ausgestreckt, zur Platzanweisung langsam wieder sinken: »Seeetzen!«

Manchmal steh ich kurz auf der Oberen Brücke, gleich neben dem heiligen Nepomuk, und starre zu meiner Schule hinauf – ein heller Fels im Baumstrom am Himmel. Oder ich steige zum Kanal hinunter. Plötzlich allein. Im Herzen der Stadt. Und ganz nah am Wasser. »Lebe fern von Verwandten und nahe am Wasser!« Alter Chinesenspruch. Ja, früher wußten die Chinesen noch viel Kluges zu sagen. Aber heute? Sie kennen *Shijie Diming Cidian?* Nein? Ein geographisches Lexikon, 1981 in Schanghai erschienen. Auf Seite 1019 steht da in achtzig Schriftzeichen: »Stadt im Land Bayern der Bundesrepublik Deutschland. Unweit des Zusammenflusses von Regnitz und Main gelegen. Einwohnerzahl 72000 (1978). Im Jahre 902 urkundlich erwähnt. Verkehrsknotenpunkt. Bedeutender Mittelpunkt von Industrie und Handel. In industrieller Beziehung sind Textil und Maschinenbau (u. a. Elektrogeräte) am wichtigsten. Außerdem gibt es Betriebe, in denen Klaviere, Porzellan und Schuhe hergestellt werden.«

Alles. Punktum. Bamberg, von Schanghai gesehen. Doch wirklich, es tut sich was. Das ufert aus, frißt um sich wie Krebs, metastasiert. Spätfolgen der Marshallplanpest. Tödlich vermutlich. Aber sehen Sie den Erpel dort, der eben um die Biegung schlingert? Oft mit den Breitseiten voraus? Passiert rudernd den dunklen Brückenbogen und klettert rotfüßig auf die lange Landzunge im Fluß. Betritt da offensichtlich sein Privatgrundstück – und seine Ente. Selbst Kinder sah ich selten hier; doch, jojooh, den Deeschner schon in schüttere Baumschatten gleiten und wahrhaftig neben einer braunäugigen Ente. Sodomie? Hurerei und Greuel? Schwarze Messen?

Messen gibt es hier genug. Und Schwarze auch. Mir fällt ein Interview ein: mit einem Herrn der Stadt. Und die Frage nach der merkwürdigen Lage des Alten Rathauses: ein hochkajütiges Schiff aus dem Spätmittelalter, bizarr dreigeteilt und barockrokokohaft aufgeputzt, zwischen Oberer und Unterer Brücke ankernd, der steinalte Kiel beidseitig vom Fluß umströmt. »Ja«, sagte der Herr, »die damaligen Oberen erlaubten nicht, das Rathaus auf ihren Grund zu bauen.« »Die Oberen«, präzisierte der Reporter. »Sie meinen, der Bischof!« Tatsächlich trieb die Liebe ihres Oberhirten die Schäflein hier buchstäblich ins Wasser. Und heute genießen wir's! So wendet der Himmel doch alles zum Besten. Und sprießt nicht, nach Atomschlag und Kreuzzug, auch wieder das schönste Grün aus den Ruinen...?

Gehn wir ein Stückchen am Kanal entlang. Einer der angenehmsten Wege Bambergs, mein Lieblingsweg. Dicht am schmalen Wasserarm, baumüberschüttet drüben, hinreißend alt schwingende Häuser hier. Eines bis unters Dach mit drei grauen Laubengängen, fast wie von einem großen Fischernetz überworfen. Im ersten Stock gar eine Hauskapelle: gotisch. Weiter draußen, an der Regnitz, die »Concordia«, ein Wasserschlößchen. Von venezianischer Grandezza, ein bißchen nordisch steif aber auch, mit Brüstungen, Säulen, einer Dachbalustrade, am andern Ufer dem Wasser entwachsend und gleich vom dünnwaldigen Stephansberg überwölbt. Ort unserer Tanzstunden bei Herrn Stock (mit Ente) – Tango-schritt... Bei Dunkelheit, in honiggelbes Licht getaucht, wie aus einer Traumlandschaft tretend, während im Hintergrund, apart kontrastreich, grünfahl der Dom viertürmig in den Nachthimmel fingert – und alles auch, kaum verschwommen, sich vertiefend, verdoppelnd, im Wasserspiegel. Selbst im Winter, über rauchblauem Fluß, von Frühdunst noch umflort, von rührend zarten Sonnenspritzern schon betupft, von überreiften Bäumen umfroren, ein bewegender Anblick.

Sie brauchen ihn nicht. Ich selber schrieb's nach einem Kunstband nieder, der beides bietet, Sommernacht- und Wintertagsansicht nebeneinander. Vielleicht besorgen Sie sich (auch) das Buch. Es erspart uns den Weg, Zeit, allerlei Unschönes dazwischen, und wir biegen schon früher, kurz nach der Unteren, der Oberen Brücke, über den Brucknersteg zu den Mühlbrücken ab. Und von dort, zum Beweis, daß Sie Bamberg nicht bloß aus Kunstmappen kennen, jetzt ein Foto vom Alten Rathaus, das in den Wasserstrudeln mit dem »Häuslein«, einem Fachwerkschmuckstück, förmlich nach einer Aufnahme ruft.

Dann gleich zum Geyerswörth daneben! Denn hier, im ehemaligen Stadtschloß der Bischöfe, idyllisch vergraben, erschließt der Turmschlüssel den schönsten Blick auf die Altstadt. Wie einander animierend, übersteigend und selbst wieder türmeüberstiegen, wachsen die sieben Hügel da, grandios bewegt und mild zugleich, ins Wolkenreich – gerüstet wie zu heitrer Himmelfahrt. Doch ist, Sie gestatten, noch die Hölle hier mit Anmut gepflastert; ja, Victor Auburtin fand sie besonders traulich. Mein Schulweg führte jahrelang daran vorbei. Und auch im Teufelsgraben, nah dem Karmeliterkloster, einem meiner früheren Verliese, läßt sich's lustig leben. Lachen doch selbst die Verdammten – ein Papst, immerhin, ein König, ein Bischof, unter nur sechs Verworfenen, wohlgemerkt – auf dem Gerichtstympanon am Fürstentor; zugegeben, etwas schrill. Bloß nicht jene, die dem Herrn am nächsten steht, näher als jeder Selige, und doch recht wohlig den Mund verzieht, richtig lüstern. Und was für einen Mund! Verdammt will ich sein, stünd' ich nicht tausendmal lieber neben ihr oder dem Teufelchen auch, das so keß die Zunge zeigt, als bei den dümmlich feixenden Geretteten linksaußen – über steil gefalteten Händen schmallippig und schadenfroh die Guckerchen verdreht, halbe Spitzbubenvisagen. Ja, heiter, heiter. Immer heiter und lustig, wie in Henry Millers Schneiderladen. Auch Jacob Burckhardt liebte das Verlotterte, Fidele der alten Pfaffenstadt. Und Varnhagen traf ins Schwarze (in Bamberg keine Kunst): »Bei aller Altertümlichkeit heiter.«

Das fränkische Rom. Da steigt's hinauf. Es stürmt nicht. Wer stürmt schon ins Himmelreich heute und reißt es an sich! (Selbst uralte Päpste machen nun Frischzellenkuren.) Nein, ohne sich zu übereilen, zu überheben, schwingt's voller Anmut, wiegen sich rhythmisch der Stephansberg, Kaulberg, der Domberg, Jakobsberg, Michelsberg, Abtsberg (von mir in den letzten Schuljahren schon ziemlich glücklich bewohnt), sechs Hügel, nur vom Schreckgespenst meiner Kindheit, vom *castrum in Altenburch,* noch überragt, das seine felsigen Grundmauern, sang Alphonse de Chateaubriand, uns Deutschen als Kollaborateur auch verbunden, tief in die Wogen von Wäldern, Wiesen und Blumen versenkt. »Bamberg, Bamberg! Bei diesem Namen hüpft mein Herz ...« Nüchterner: die Sicht vom Stadtschloß des Bischofs zu seiner – 1553 im Zweiten Marktgräflerkrieg eingeäscherten – Burg, wo er häufig residiert und das

Evangelium zwecks besseren Hörens mit Kanonen verkündet hat. Sie wissen: Unterm Krummstab ist gut leben...

Ach, dies Blühn zum Himmel vom Geyerwörthturm aus! Die sanften Aufschwünge, der warme Wellengang der Dächer, die grüne Gischt der Bäume, Gärten, des Michelsbergerwalds, die Schiffe der Kirchen dazwischen, der Triumph der Türme. Noch bei Nacht dies und jenes wie von unsichtbaren Sonnenfluten überschüttet. Berückend nicht zuletzt auch flußabwärts, wo Klein-Venedig, fast magisch, aus kunterbunter Zauberkiste aufgebaut, zwei Gaustadter Fabrikschlote, gleich riesigen Rufzeichen, als Höhepunkt beschließen. Eine der herrlichsten Gegenden Deutschlands, so Jacob Grimm, die schönste Gegend der Welt gar, wie Herder behauptet. Ein Theologe; das zählt nicht. Sie kennen Nietzsches schlimmes Wort. Doch Nietzsche meint auch, die Dichter lügen zuviel. Ich jedenfalls stand auf dem Geyerswörthturm nie. Es gibt aber, glauben sie mir, die geschilderte Aussicht auf ungezählten Ansichtskarten, farbig und schwarzweiß; auch sehr schön. Ich bitte Sie, wohin käme unsereins, hätte man alles erlebt und bestiegen, was man beschreibt! (Die Sache mit der Ente aber stimmt.)

Und nun zur Oberen Brücke, zur »hohen Brucken«, mit Johann Fischart; wir standen ja noch kaum dort. Wir nehmen wieder den Weg am Kanal. O doch, sträuben Sie sich nicht! Das kann man zweimal sehn, zumal in umgekehrter Richtung. Und zur Abwechslung schlagen wir jetzt vor der gotischen Hauskapelle ein Kreuz, das hilft immer. Doch, doch. Auch gegen Müdigkeit. Zieren Sie sich nicht. Sie müssen's nur glauben. Glauben und verdummen, riet selbst der große Pascal. Und – aber, schauen Sie, da, wahrhaftig, eine Ente! Nicht im Wasser, nein, im Fenster!

Eine echte Wildente. Fast am Busen einer Dame. Ein treuherziges Bild. Beide äugen herab – die Ente unverwandt, doch, wie mir scheint, arg melancholisch zum Wasser, die Dame gar nicht unfreundlich auf mich; eher erwartungsvoll, aufmunternd, weshalb ich, durch und durch Philantrop (und wie oft schaut eine Ente schon aus dem Wohnzimmerfenster!), auch stehenbleibe.

»Die möchte zum Fluß, gelt?!« – »Ohnanaah! Gooohrnedgooooooohrned!« Das war nicht die Ente! Ich bin, methodischer Zweifler, natürlich skeptisch; werde aber, wie oft in Bamberg, eines anderen belehrt. (Ich sage nicht: eines Bessern.) Die Ente, eine Stockente, in früher Jugend bereits von der Lady, gleich da unten, »doodoooh«, an Land gezogen und domestiziert, eiverdammt, die möchte gar nicht mehr, hör ich, ins Wasser. »Nedumsverreckn!« – »Glaahmsämäs, glaahmsämäs!!« Die sitzt da, am Busen, zwar nicht der Natur, sondern der Dame, starrt zum romantischen Kanal, wie gebannt, möchte und möchte nicht und möchte, ja wer weiß, ach, ich denke seither fort und fort daran, es geht mir nicht aus dem Sinn ...

Doch jetzt zur Hohen Brucken und zum schäumenden Mühlviertel geblickt. Leider nicht Herbst – wenn das alles, im Negligé noch, sich die Augen reibend, aus Morgenrauch und Flußnebeln geistert, ein kaum genug zu bewundernder Striptease dann, dem der heilige Nepomuk, etwas unnatürlich, aber keusch, den Rücken kehrt. Meine Frau liebt diese fränkischen Brückenheiligen über alles, vielleicht des Kontrastes wegen – während für mich kein Heiliger harmlos ist, nicht einmal einer aus Holz. Drüben meine Schule wieder. Der Stephansturm. Daneben und etwas höher, im ziegelroten Kaulberger Dächergestrüpp, die Obere Pfarre – wie ein auftauchendes Schiff, das mit mächtigem Bug die Sommerwolken teilt. Wir schwenken. Der bauchige Rathausdurchgang, rokokohaft heiter. Ein Schwarm junger Mädchen. Original-Stiche! Ein Antiquariat. Und jetzt, auf der andern Brückenseite, die gräßliche Kreuzigungsgruppe. Einige der lebensgroß da Herumhockenden und -stehenden pressen die Hand, edel jeden Finger spreizend, emphatisch aufs sichtlich angegriffene Herz. Fast alle aber verdrehn, trancehaft verzückt und ganz unglaublich, die Augen und stieren imaginäre Löcher steil in die Luft, während nur der großnasige Apostel unten befriedigt in sein dickes Buch guckt und offenbar überschlägt, was das Geschäft oben abwirft... Jedem reinen Geist ein Schauder, ragt es hinein in unsre Zeit. Storm. Mitten vor Klein-Venedigs Anmut gesetzt.

Doch läßt sich Klein-Venedig auch näher genießen und unbelästigt. Am liebsten steige ich dazu vom Domberg herab. Ich steige überhaupt, natürlich (ja, natürlich), stets gern von den Höhen des geistlichen Lebens in die Niederungen des profanen, zu dem meinesgleichen glücklicherweise gehört. Man kann da über viele Wege herunter kommen, topographisch meine ich, alle auf ihre Art lohnend (besonders aber die geistigen!). Doch am liebsten wähle ich den Katzensteig (korrekt: Katzenberg), eine vom Domplatz fast versteckt und jäh abfallende Treppe. Der angemooste Stein heute von Baumschatten matt überflochten. Auf halber Treppenhöhe ein paar schmale Jeanshintern; ab und zu zwei aufsteigende Rauchsäulchen, vor einer langen blonden, einer langen dunkelbraunen Mähne. Ich zögere, gehe weiter, wende kunstbeflissen ein paar Stufen unterhalb – und reiße den Blick so falsch nach oben, als wäre ich selbst einer von Bambergs vielen Säulen(schein)heiligen. Aber oben lohnt sich's diesmal wirklich. Zwei mächtige Bäume über weihergrün zurückfließenden Mauern. In die Äste, noch laublos, scheint von weit höher eine altgelbe, abgründig ragende Hausfront zu stürzen. Daneben, höher noch, näher, mein Gott, zu dir, ein Stück Domturm, ein Eckchen der Neuen Residenz, von der Napoleons Marschall Berthier 1815 aus dem Fenster sprang und in den Tod. Eine Reisegesellschaft, Amerikaner, besucht Europa, solang es noch existiert, umpilgert die beiden Jeansmaiden, die jetzt – »schlaf in himmlischer Ruh« intonieren, »schla-af in hihmlischer Ruuuuh...« Es ist kurz vor Ostern. (Die Sommerwolken vorhin aus einem Bildband wieder.)

Wie immer: Bamberg sollten Sie nicht nur im Juli sehn, August. Nein, zu allen Jahreszeiten. Auch im Winter, wenn es schneit; alles blau und blauer in die Dämmrung schlüpft und Lichter wie goldne Bienen daraus glimmen. Oder wenn die schneeüberstülpten Giebel, die winterlichen Dächer, Türme, die etwas kränklich blasse Stadt nun noch ehrwürdiger machen, ganz und gar greisenhaft, als würde sie nie wieder jung. Als rieselten nie mehr um die Mauern des Kreuzwegs hinauf nach Sankt Getreu die zartbelaubten Schnüre und Schleier von Birken oder Weiden vor die Michelsbergwiesen, den plötzlich doch wieder grüngrünen Hang, über dem schimmernd das Turmpaar den ach wie frühlingshaften Himmel anspießt. (Die Sommerwolken hatten wir.) Alsdann – im Oktober? Zur Altenburg! Oktober wird's wieder... In sagenhaften Herbst hinein, ins kaum noch wärmende Nachmittagslicht, unsäglich auf Haut, auf Stamm und Stein – o unergründliches Geleucht! Entrückt und fremdvertraut. Botschaft, offenkundig und so unlösbar verschlüsselt. Sonnenblumen. Oktober wird's wieder... Licht auf dem Bergfried, im Blätterschutt, verbröckelnd, mürb. Licht, Licht! Licht dort auf den Mauern...

Doch – nicht nur die Jahres-, auch Tageszeiten sind wichtig. Die wechselnden Beleuchtungen.

Unsre tägliche Illumination gib uns heute! Die sieben Hügel vor angaloppierender Gewitterfront. Oder, schöner noch, Wetterleuchten über fernhin sinkende Stadt. Oder im Gegenlicht, aus einem herbstumtanzten Garten am Berg, neben dunklen, gelblaubdurchbuschten Stämmen, den Jakobsturm sehn, dahinter das Geviert der Domtürme, pflaumenblau schattenhaft, auch die Nester der Dächer darunter, alles wie aus Watte. Oder, ja, eben jetzt das Haus Katzenberg 6, im hellen olivgrünen Mittagslicht, als sei es gerade aus dem Meer getaucht. »Scheiners Weinstuben« daneben. »Zum Kachelofen«. Schräg gegenüber die »Hofbräuschenke«. »Das Schlenkerla«. Vis-à-vis das »Ringlein«. Und zwischen beiden dies Gassenbild! Das flußlaufhaft sich windende Fachwerk der Sandstraße, der älteste ungeistliche – schon im zehnten Jahrhundert von Fischern, Schiffern, von Händlern und Handwerkern, kurz der *misera plebs* besiedelte – Teil der Stadt, in den, himmlisch in jeder Hinsicht, das Michelsberger Kirchturmpaar herunterstrahlt – auf ein Wirtshaus am andern, »Alt-Nürnberg«, »Holzwurm«, »Wilder Mann«, »Pelikan«, doch auch die Tanzbar »Palm Beach« gibt es und, neben dem »Spundloch«, einen Creativ-Salon! Bamberg *up to date* (siehe auch *Shijie Diming Cidian,* Schanghai!). Viele Kneipen in fremder Hand. Südvolk. Ausländer raus? Dann aber die uniformierten zuerst! Und drüben, die Russen? Dito, dito! Mit Montesquieu: Außer denjenigen Euklids übernehme ich keine fremden Meinungen. Schon gar nicht vom Domberg!

Ach, der Dom. Ja, nicht so erhebend, finde ich, wie die Kollegen in Straßburg oder Regensburg, zwei alte Damen, die sich neben Bamberg sehen lassen können. Von außen zwar ganz hübsch, nicht überladen, trotz allen Stilbruchs im Gleichmaß seiner grünen Türme, seiner Chöre, fast schwebend.

Am eindrucksvollsten: angestrahlt bei Nacht. Steilschräg von unten. Wie ein Skelett! »Was sind denn diese Kirchen noch, wenn sie nicht die Grüfte und Grabmäler Gottes sind...« Und nie daran denken, was es gekostet! An Blut, an Tränen, zertretenen Gesichtern, an halb Versklavten. Generationen! Ja, streckt geisterhaft bleich sich da nach den Sternen, irgendwie, trotz allem, mehr ganz schön verrückt noch als verrückt schön. Stürzt sich in die Tiefen des Weltraums und erreicht nicht mal die einhunderteinundsechzig Meter des Ulmer Münsters.

Und innen... Lieber Himmel! Wären da wenigstens jene Schätze, die Philipp Ludwig Röder noch fand – »eine Menge Reliquien, die Wunder thun und deswegen reichliche Einkünfte verschaffen...: etwas von der Milch Mariä, ein Stück der Ruthe Aarons«, ein Partikel des Nagels der Kreuzigung, Weihrauch der morgenländischen Weisen auch, nebst allerlei heiligen Fingern, heiligen Kehlen, heiligen Köpfen etc. etc. Aber so! Das ergreifende Grabmal des Bischofs von Hohenlohe beiseite: vorn Romanik, hinten Gotik, und alles, vorn, hinten, dazwischen, doch verdammt nüchtern, einen schon beinah protestantisch wie ein Puritanerbethaus angähnend. Ein bißchen Veit Stoß gewiß. Justus Glesker, Riemenschneider. Auch sonst steht noch allerlei Berühmtes herum, angeblich blind, angeblich sehend, die triumphierende Ecclesia mit abgebrochnen Armen schon (womit sie die Kreuzesfahne schwang; und nur eine Frage der Zeit, bei meiner Seligkeit, bis ihr auch das Genick bricht). Hoch zu Roß der Reiter, beeindrukkend, ein Geheimtip, auf sehr guten Fotos! Und sollte ausgerechnet ich zum einzigen Papstgrab diesseits der Alpen pilgern? Der Bamberger Bischof Suidger – der nur Papst Clemens II. wurde, wie zeitgenössische Quellen übereinstimmend melden, weil man im heiligen Rom selbst kaum einen ehrbaren Kleriker fand –

hätte freilich Franken besser nie verlassen. Er starb bereits 1047, ein Jahr nach seiner Wahl, und wahrscheinlich *per poculum veneni*. Die Öffnung des Grabes 1942 enthüllte nicht nur immer noch »viele lichtgelbe Haare«, sondern auch einen merklichen Bleigehalt in den Knochen, was die schon zeitgenössische Behauptung zu bestätigen scheint, er sei vergiftet worden; vermutlich von Papst Benedikt IX., der Rom mit Raub und Mord erfüllte und zuletzt sein Papsttum verkaufte, dem späteren Gregor VI., Sprößling eines reichen Judenhauses.

Nein, das Dominnere, das läßt mich weit kälter als zum Beispiel die Kirchengeschichte. Immer abgesehen von dem moribunden Hohenloher Asketen (gestorben 1352). Und nur nicht daran denken wieder, wie der schon ganz dem Himmel zugewandte Hautundknochenmann bloß wenige Jahre zuvor doch recht blutvoll vom Leder zog: im Krieg etwa gegen Herzog Albrecht II. von Österreich 1346. Oder 1347, gemeinsam mit dem bischöflichen Bruderherzen Albrecht von Würzburg, im Raubzug gegen Konrad von Schlüsselberg, dessen Juraterritorium die beiden geistlichen Hirten, ebenso wie ihn selbst, vernichteten... Am ehesten bewegt da noch was leidlich Hübsches: die heilige Kunigunde beim Auszahlen des Lohns (aus leerer Schüssel: die große Kunst aller Herrschenden) und zumal die junge Hofdame dahinter. Das hätte man auch in den Arm genommen, wie Kaiser Heinrich, der Heilige – seine Josefsehe: eine faustdicke Lüge!

Heinrich II. ist der Stifter des Bistums an der Ostgrenze des Reichs. Zweck der Gründung: Auslöschung des slawischen Heidentums ringsum. Unmittelbarer Anlaß die Tatsache, so bekannte der Potentat vor mehreren Dutzend Bischöfen auf der großen Kirchenversammlung vom 1. November 1007 in Frankfurt am Main, daß Gott ihm Nachkommen versagt und er die Hoffnung auf Kinder aufgegeben habe! Das gab dann die berühmte Josefsehe! Vorausgegangen war der Bistumsgründung wie der Gründung so vieler Bischofssitze, auch der des päpstlichen Kirchenstaates, Raub, Betrug, Krieg. Vor allem die Abschlachtung der Babenberger, »Zierde der Franken«, deren *castrum babenberg* wohl schon im achten Jahrhundert auf dem späteren Domberg stand. Heinrich II. selbst führte – eine Anleitung nebenbei zur Heiligkeit – einen Krieg nach dem andern. Die meisten und wichtigsten gemeinsam mit Bischöfen, »guten Schäferhunden«, wie er, der vielfache Domherr, sie nannte, »heilige Leithammel«: verheerende Feldzüge in Franken, Schwaben, Friesland, Flandern. Grauenhafte Massaker in Italien, in Pavia, in Rom. Langjährige Fehden selbst mit den Luxemburger Brüdern seiner gleichfalls heiligen Kunigunde. Der Heilige bekriegte Bischof Dietrich von Metz mit vielen Heiden in seinem Heer. Der Heilige führte drei Kriege, fast anderthalb Jahrzehnte lang, gegen das katholische Polen, im Bunde wieder mit heidnischen Liutizen und Redariern. Der Heilige verfolgte die Katharer, vertrieb die Juden aus Mainz, ließ Priesterkinder »in alle Ewigkeit« versklaven, ihre Mütter auspeitschen. Der Heilige belog und betrog den Markgrafen von Schweinfurt, den Bischof von Würzburg. Der Heilige ließ rauben, morden, brennen. »Sein Andenken«, rühmt der Band *Bamberg. Geschenk eines Jahrtausends* (1980), »ist besonders lebendig geblieben, weil sich eine Stadt mit ihm und seinem Leben identifiziert: Bamberg.«

Zu Heinrichs Zeit feierte Abt Gerhard von Seeon Bamberg als *caput orbis,* als »Haupt des Erdkreises«. Das hehre Beispiel aber des hohen Heiligen (der nebst jungfräulicher Gattin, deren eheliche Treue noch bezweifelt wurde, im Dom ruht) verpflichtete natürlich Bambergs Oberhirten. Auch sie griffen oft lieber zum Schwert als zum Kreuz, führten ungezählte Kriege und Fehden, selbst gegen Bischöfe und die eigenen Diözesanen, mit denen sie jahrhundertelang stritten, einmal in einem regelrechten Stadtkrieg. Und kämpften sie auch meist nicht in vorderster Front, nur um sich ihren Gläubigen zu erhalten, gaben sie diesen doch im Dreißigjährigen Krieg ebenso wie im fünften und sechsten Kriegsjahr noch des Zweiten Weltkriegs geharnischte Durchhaltebefehle zugunsten des Kaisers und Hitlers. Ihre Schäflein ließen sie einkerkern, foltern, öffentlich köpfen und hunderterweise als Hexen verbrennen. Sie vertrieben die Juden, die Protestanten, sie raubten ihr Vermögen. Sie überhäuften ihre Hörigen mit Lasten und lebten selbst in Pomp und Luxus. Sie verschleuderten die Kirchengüter, machten ungeheure Schulden und bereicherten schamlos ihre eigenen Verwandten. Noch im achtzehnten Jahrhundert lasen sie die Messe, vorausgesetzt, sie lasen sie, mitunter gleich »neben dem Schlafzimmer«, weil sie vor lauter Rehjagden, Hirschjagden, Hasenjagden, Saujagden und Bällen keine Zeit hatten. Sie führten, Vorbild der sogenannten Peinlichen Gerichtsordnung (Constitutio Criminalis) die Bamberger Halsgerichtsordnung ein, die Ehebruch mit dem Tod bestrafte, hielten sich selbst jedoch Weiber und trieben es nebst ihrem Klerus und den Mönchen derart skandalös, daß ein päpstlicher Delegat vermutete, in Bamberg habe der Teufel größere Gewalt als anderwärts. »Das Volk ist nicht ganz so schlimm, aber sehr bejammernswerth« (Looshorn V,91).

Vielleicht schauen die Hiesigen – »wunderliche Menschen, denen man sich kaum zu nähern Lust haben kann« (Anselm von Feuerbach), denen nicht erst Wilhelm Heinrich Wackenroder »häufiges Biertrinken« anhängt, P.L. Röder sogar »viehisch wilde« Saufgelage –, vielleicht gucken die widerborstigen Bamberger auch kraft ihrer schwarzen Vergangenheit, statistisch erwiesen, etwas tiefer in die Krüge, als man das ohnehin in deutschen Landen tut. Und da wir gerade vor dem »Schlenkerla« stehn, fest entschlossen, in keinen einzigen Christentempel mehr zu gehn – schon Friedrich Rückert empfand es als Zumutung, sich hier »in unterschiedlichen Kirchen umherschleppen [zu] lassen, um verstaubte Raritäten anzustaunen, die mir ziemlich langweilig waren« –, so werfen wir wenigstens einen Blick noch in Bambergs Brauhausjuwel. Zumindest von Aura und Bier her (das Abendmahl nehme ich da so wenig wie im Dom) hält es innen noch mehr als es draußen verspricht, die alte Lebensregel bestätigend: Kirchen von außen, Wirtshäuser von innen. Nur aus dem Türspalt sehe ich, unter durchhängenden, schwärzlich schweren Deckenbalken, meine toten Freunde von der schreibenden Zunft, Ernst Kreuder und Jens Bjørneboe, und manch mir Lieben noch und Liebes ...

Doch die Stube ist voll, die Zeit drängt. Hinunter also endlich zum Wasser! Ein Sprung nur durch die Kasernstraße, zuletzt schon ganz auf drüben vorbereitend: nichts dem andern gleich, blaßbläulich, grün, beige, mattgelb windet sich's, da zurückgelehnt ein wenig, dort leicht vorgebeugt, zu dieser dunkelbunten Brühe hin – tausend Reflexe vom Venedig des Nordens, das doch kaum mehr deutsch, mehr altfränkisch sein könnte. Gleich neben uns wühlt ein wilder Erpel mit grünschillerndem Kopf wie verrückt in den Federn.

Drüben ein weißes Schiff: »Stadt Bamberg«; windlos hängend, verschmutzt die Wimpel. Ein Möwenschwarm kreist, sinkt auf die unsäglich verschwommene Wasserpalette. Albrecht Dürer schiffte sich hier nach den Niederlanden ein, nicht ohne zuvor – unter anderem mit einem echten Dürer – den

Bischof reich zu beschenken, der ihn dafür »auß der herberg« löste, »do jch béy einen gulden verzehret hab. Item jch hab dem fuhrmann 6 gulden an gold geben, der mich von Bamberg nach Franckfurth führet ...« Etwas alterskrumm alles, mit dunklen Laubengängen, Veranden, rührend aneinandergeklammert, als hielt sich's grade noch vor dem Ertrinken. Aber vorher, recht so, möchte jedes ganz es selber sein, und jedes ist's auf unverwechselbare Weise auch. Die Dächer, wie gewunden manchmal von der Last der Jahre, viel altes Holz, viele Schleppgauben, Fenster, große Augen zum Fluß gerichtet. Lebe fern von Verwandten und nahe am Wasser ... Wäsche ab und zu, Boote. Im Sommer überquillt's aus schmalen Gärten, grün, blau, rot. Und rot quoll's lang auch aus dem düstren Schlachthaus dort ... Fort! Den Fluß hinunter ...

Doch da, gegenüber den Weiden, den Pappeln, starb meine Mutter, an einem Abend im August, als im Gewitterwolkenbruch der Nacht daheim die Weiherdämme brachen und die Fichten knickten am Bach ... Fort! Fort! Ins Leben der Sandstraße wieder. Zur Unteren Brücke.

Aber dort die Tafel: »Im Weltkrieg 1939–1945 fielen aus der Stadt Bamberg 1992 getreue deutsche Soldaten ...« Siegfried Fleischmann, Friedel Porzner, Andreas Däuber, Arnulf Werner, Adam Hornung, Walter Schropp, Georg Ries, Arnulf Rucker. Meine Klassenkameraden. Doch keine Namen da. Arnulf Rucker stammte gleich hier aus den Mühlen. Auch sein Bruder Herbert fiel – und lag noch auf der Fliegerstube in Rochefort-sur-Mer neben mir. Bombenopfer: 242 Männer, Frauen, Kinder. Und 1642 Vermißte. »Wir gedenken ihrer in unauslöschlicher Dankbarkeit.« (Kaum einer liest's). Darunter in blaßgrüner Handschrift: »wofür?« Ich möchte den Kritzler umarmen!

Und heute? Kein Ausweg mehr. Fern auch die Zeiten, da man noch fliehen, sich retten konnte – als Napoleon, die Schweden, die Hussiten ins Fränkische drangen, als König Philipp von Schwaben, Kaiser Barbarossas jüngster Sohn, »der beste aller Staufer«, in Bamberg, just im Wohnsitz seines Oberhirten, dem Mordstreich erlag und Bischof Ekbert, der Mittäterschaft verdächtig, sich am Hof seines Schwagers, des Königs Andreas von Ungarn, in Sicherheit brachte. Entkommen? Nirgends mehr. Also bleiben bis zum Endstreich. So oder so. Noch hin und wieder ins romantische Mordloch hinauf, von steilen Dächern, Laubengängen überhängend, von Geranien, düstren Stiegen. Hinüber öfter noch ins lichte Rokoko des grünen Rosengartens, Putti und duftend blühende Rabatten; fern der Jura, nah der helle Michelsberg. Erst recht hinüber zu den »Domterrassen«, dicht neben einem meiner Kindheitskäfige, der schönste Wirtsterrassenblick auf einen deutschen Dom.

Noch schöner nur, wohin ein Fremder freilich selten sich versteigt, vom Spezialkeller aus; neben der Sternwarte, gleich über meiner Schule. Das Bamberger Kellerbier pries Hegel – und traf da einmal ins Schwarze; doch rühmt es auch, was viel bedeutet, ein Bierexperte wie Jean Paul. Hier ist's gutsein. Hier laßt uns enden. An einem schwülen Sommernachmittag, unterm dichten Baumschatten vor, auf die vieltürmige Schöne sehn, nicht zu weit weg von ihr, nicht zu nah, ein bißchen reden, schauen, auch in den »Steinkrug« dann und wann, allmählich sogar die Bamberger sympathisch finden, hinunterblicken, immer wieder, hinüber, an alles mögliche denken, selbst an Unmögliches, nur kaum je an den heiligen Kaiser nebst heiliger Gemahlin, auch an Napoleon nicht oder Wallenstein, schon eher an den mächtigen Bayreuther (was hoffentlich zu keiner peinlichen Verwechslung führt!), an E. T. A. Hoffmann auch, mehr noch an Bambergs größten Poeten, den Schöpfer der *Nachtwachen des Bonaventura,* Friedrich Gottlob Wetzel, ab und zu, gelassen fast, die alte Schule sehn; mein Lehrer kommt, der einzig liebe meiner Lehrer mir, klein und beleibt etwas, Andreas Fehn, betritt an einem Morgen voller Zwielicht im November den Klassenraum, sagt nicht einmal, gleich allen fast, natürlich angebräunt, »Heil Hitler!« heute, nein, sieht nur, leicht offnen Munds, auf uns erst, dann durchs hohe Fenster, das dort, im Nebeln und Nieseln, sterbende Astern irgendwo ahnen läßt, letzten verfaulenden Phlox, schaut wieder herein, streckt bedächtig die Arme der Klasse zu... »Spüren Sie's«, sagt er, zwickt die Augen zusammen, schließt sie, beginnt die Hände zu bewegen, als würde er, halbblind, die Luft abtasten... »Merken Sie's nicht, jetzt, wie das aufsteigt da, das langsam den Rücken heraufkriecht, wie das« – er bewegt die Finger mehr, sucht nach Worten, blickt zwischen uns und der grauen Novemberbrühe draußen hin und her – »wie das alles in sich hineinfault...?«

Ach, doch sehen Sie – noch immer Bamberg unten, ganz heil und hell und unzerstört, seinen dritten Weltkrieg noch vor sich.

Ebenso unwiderstehlich wie unausstehlich: Jean Paul und Max Stirner

[illegible]

Hoffmann oder Lübeck zu Thomas Mann.

Jean Paul ist in Bayreuth lebendig, wie [illegible] – ein fast mannshoher [illegible] Fels, auf einem großen [illegible] wachsenen Grab [illegible] eine hohe Linde [illegible] Jean Paul [illegible] ter [illegible] und sein Sohn [illegible]

Mit Wagner verbindet Bayreuth der Geldsack, an Jean Paul erinnert es sich noch, an Stirner nie.

Das bittere Kennerwort bedarf im Falle Stirners doch der Korrektur. Der städtische Prospekt von A bis Z widmet dem Philosophen immerhin halb so viel Platz wie den lokalen Bedürfnisanstalten – noch derart Stirner übrigens bestätigend, steht jedem die eigne Blase eben näher als der originellste fremde Kopf. »Ich bin mir selbst der Nächste«, Stirner.

Ich fragte nach Jean Paul in der Festspielstadt. Die Inhaberin einer Leihbücherei traute ihren Ohren kaum. Sortimenter, hinter Beckenbauerschwarten förmlich verschanzt, fixierten mich wie einen Geisteskranken. Die Jean-Paul-Buchhandlung hatte sich erst kürzlich nach dem Besitzer umbenannt. »Mir geht nichts über Mich«, Stirner.

Ich sah ein Jean-Paul-Denkmal, Jean-Paul-Café, eine Jean-Paul-Straße, Jean-Paul-Schule, zwei Gedenktafeln, die dünnen Annalen einer Jean-Paul-Gesellschaft, den neuesten Forschungsstand präsentierend, etwa »Zusammensetzungen mit ›selbst‹ bei Jean Paul«. Und meine Frage: Welche Beziehung hat heute Bayreuth zu Jean Paul, beantwortet Philipp Hausser, Arzt, Jean-Paul-Haus-Bewohner, Jean-Paul-Biograph: die gleiche wie Bamberg zu E. T. A. Hoffmann oder Lübeck zu Thomas Mann.

Jean Paul ist in Bayreuth lebendig wie sein Grabstein – ein fast mannshoher, wuchtiggrauer Fels, auf einem großen, länglichen, ganz und gar efeuüberwachsenen Grab, von einer Buchenhecke flankiert, eine hohe Linde darüber. »Jean Paul Friedrich Richter ... und sein Sohn ...«

Am 12. August 1804 war der Dichter in die Stadt gezogen, nachmittags gegen vier, mit Familie und Hund, zwei Drittel seines Lebens schon hinter sich: eine stille Kindheit in vogtländischen Pfarrhäusern; ein in Schulden ersticktes Theologiestudium in Leipzig; Hungerexzesse um seine sich abmühende Mutter »im abscheulichen Hof«; frühe Todeserfahrungen, Verlust des Vaters, des hilfreichen Jugendfreunds Adam von Örthel, des Bruders, der sich in die Saale warf.

Nie vergaß Richter die Welt, in der er »nichts zu essen und anzuziehen« hatte, »blutarm und wenig geachtet« war. 1795 aber wurde der Autor des *Hesperus* berühmt, ein Modeschriftsteller mit fast monströsen Triumphen, Star zumal der Damen kleiner Residenzen und des gebildeten Bürgertums. Sie sammelten als Souvenirs die Dichterlocken, die freilich meist von seinem Pudel stammten. Doch mehr als einen Kuß bekam Jean Paul kaum vor der Ehe.

Nach Bayreuth, in »das helle magische«, hatte es ihn längst »mit 10 Schlingen« gezogen, in sein »Maienthal«, sein »Paradies«; obwohl er doch auch »auf allen Gassen« schon »literarisches Gras« gefunden »und in den Häusern das Vieh dazu«.

Etwa zehntausend »Seelen«, kaum Gehsteige, Straßenpflaster, keine öffentliche Beleuchtung und das Kulturleben entsprechend. Doch liebte der Poet den markgräflichen Habitus, die »wie schimmernde, aus dem Aether gesunkne« Architektur Saint-Pierres und Gontards, liebte mehr noch ein paar Freunde dort und den »Zaubergürtel« der Landschaft.

Sehr begehrte der Genießer nicht zuletzt Bayreuths Bier. (Nach Meiningen hatte er einst laufend hochbezahlte Bierfrachten befohlen, ja wegen der Hitze einen Nachtboten gewünscht!) Obwohl er auch Wein trank, Arrak, Likör, Kaffee, wurde bitteres Bier doch sein bevorzugtes »Heilmittel«, sein

»Weihwasser«, seine »vorletzte Ölung«, zuweilen allerdings auch »das verdammte Bedürfnis«, wobei er behauptete, Bier nicht als Gaumen-, sondern Gehirnkitzel zu brauchen, als schöpferisches Stimulans – »und steigt mir eine Sache nicht in den Kopf, so soll sie auch nicht in die Blase«. (Fast wäre das Heidelberger Ehrendoktorat an Richters Bierkonsum gescheitert, neben dem zweiten Bedenken, es sei sein Christentum »nicht ganz geheuer«; doch Hegel widerlegte beides.)

Jean Paul, Städte und Stuben wechselnd wie Hemden, zog in seinem ersten Bayreuther Jahrzehnt noch siebenmal um und reiste im zweiten rastlos umher, ökonomisch gesichert durch ansehnliche Honorare und eine Fürstenpension. Seinen beiden Töchtern, seinem Sohn war er ein guter Vater, die Ehe mit Karoline Mayer aber kaum ganz so glücklich, wie die meisten Literaturgeschichten meinen. Es kam zu Klagen über seinen »Ehemanns-Stumpfsinn gegen die Weiber«, zu zahlreichen Szenen zwischen dem »despotischen« Richter und seiner »Furie«, wobei ihm »die schwarze Idee der Scheidung... immer lichter« ward (»die Ehe macht wie der Tod alles gleich«).

Trotz seiner Zugvogelnatur lebte Jean Paul, aussehend jetzt »wie ein Brauwirt«, bieder inmitten seiner Familie, seiner Eichhörnchen, Vögel, Frösche, fetten Speisefliegen, die er brauchte und bemitleidete zugleich. Er beobachtete die Natur, erstellte kuriose Rezepte für Kranke, denen er dann doch lieber »zu dem guten Arzte Walther« riet. Und seine vierteljährlichen Wetterprognosen führten schließlich zu Ausfällen auf einen örtlichen Konkurrenten und dessen Methode, »immer weite Wörter wie ›vermischt‹, ›meistens‹ zu gebrauchen. So kann ichs auch, wie jeder weiß.«

Mitunter »dinierte und teeierte« er mit Prinzen und Fürstinnen oder empfing durchreisende Dichter sowie andere Verehrer. Doch die städtische Gesellschaft enttäuschte, spitze Zungen erbosten ihn, ja er fühlte sich von »den baireuter Hunden und Hündinnen« verleumdet. Die Kinder erkranken, Freunde sterben, der Spitz erblindet und läuft fort, selbst das Bier kriegt er mitunter satt samt der ganzen Gegend. »Bayreuth hat den Fehler, daß zu viele Bayreuther darin wohnen.« Doch ist sein Zorn verraucht, lobt er wenigstens die Umgebung. Und verreist er, sehnt er sich sogar zurück und dehortiert aus der Nähe, der Ferne: »Verrücke nur ja meine Bücher und Papiere nicht!« »Lasse die Kinder gar nichts von meinen Sachen ... nehmen«. »Odilie soll die Frösche ja nicht in die Sonne setzen.« »Lasse ja die beiden Thüren ...« »Lasse ein Fäßchen Arnolds Bier ...« »Ist das voralteste Bier zu Ende, was ich wünsche: so lasse nur abziehen. – Wir werden, Geliebte, wieder schöne Tage verleben ...«

1821 stirbt sein Sohn Max, Theologiestudent in Heidelberg, zerrüttet durch frömmlerische Wahnvorstellungen und Kasteiungsexzesse. Es trifft Jean Paul tief. Er beginnt zu kränkeln, die Beine schwellen, die Leber versagt, das Herz, er erblindet fast und stirbt am 14. November 1825, betrauert von Deutschland, auf seinem Sarg die unvollendete Schrift über die Unsterblichkeit.

In Bayreuth verfaßte der Dichter den vierten Band der *Flegeljahre*, mit manchen lokalen Reminiszenzen, die Erziehungslehre *Levana*, die politischen Schriften *Friedens-Predigt an Deutschland* und *Dämmerungen für Deutschland, Des Feldprediger Schmelzles Reise nach Flätz, Dr. Katzenbergers Badereise,* das *Leben Fibels,* den *Komet*; und er erweiterte beträchtlich den *Siebenkäs*, der wohl am meisten »Bayreuthensien« birgt.

Weder Bayreuth noch dessen Umgebung aber

gibt Jean Paul mit ihrem Kolorit wieder. Schilderte er doch Städte und Landschaften überhaupt unrealistisch und am liebsten Gegenden, die er nie gesehn, wie Italien, das er gleichwohl berauschend beschrieb. Das Individuelle schmolz er ins Typische, das Lokale ins Allgemeingültige um oder in die sehr subjektiven Stimmungen seiner Helden.

Die zeitgenössische Kritik war voller Tadel und Entzücken, rühmte und verriß den Autor zugleich. Lichtenberg fand ihn zuweilen »kaum erträglich«. Goethe von Jean Paul selbst zu den Größten gezählt, bekam »Gehirnkrämpfe« durch Richters Prosa und wollte »nur allmählich warm werden«. Schiller gar, dem der umschwärmte Franke »fremd wie einer, der aus dem Mond gefallen« erschien, blieb im Grunde gänzlich kalt, »ohne Liebe«, »felsig«, während Jean Paul sich von den beiden »eingeäscherten Herzen« aus Weimar zumindest gastronomisch enttäuscht zeigen konnte: »Schiller säuft 6 Lot Kaffee auf 1 Tasse und braucht Malaga und alles – nicht jeder ist in Kaffee so mäßig als ich.« Und von Goethe schreibt er: »Auch frisset er entsetzlich.«

Wieland jedoch bestaunte, Herder bewunderte, Büchner liebte ihn. »Ein Stern ist untergegangen«, rief Ludwig Börne 1825, angerührt gewiß auch, wie mancher Jungdeutsche, von einem sozialkritischen Zug Jean Pauls, dem vorsichtigen Sympathisanten der Französischen Revolution, und sagte hellseherisch sein Wiedererscheinen erst für das zwanzigste Jahrhundert voraus.

Tatsächlich geriet der Außenseiter ziemlich rasch in Vergessenheit. Der junge Gottfried Keller feierte, der junge Gustav Mahler vertonte ihn noch wie schon Robert Schumann. Aber erst Stefan George entdeckte den längst Totgesagten wieder. Die französischen Surrealisten kamen auf Jean Paul zurück. Hermann Hesse nannte ihn 1921 »eine der größten

Dichterbegabungen aller Zeiten«, während ihn, im selben Jahr, Karl Kraus als einen in vielem verehrungswürdigen Geist doch wohl zutreffender beurteilt hat.

Seit 1973 steht seine Büste in der Walhalla. Manche Autoren beeinflußte er, viele rühmen ihn; gelesen freilich wird er kaum mehr als vor einem Jahrhundert. Zwar darf die prinzipielle Problematik eines Dichtes der Disharmonie der Welt, ihres steten Widerspruchs zwischen Endlichem und Unendlichem, Ideal und Wirklichkeit, immer auch ein prinzipielles Interesse voraussetzen; erst recht der Versuch, diesen Dualismus mittels einer Reduktion des Unendlichen ins Endliche und dessen Vernichtung durch den Kontrast mit der Idee, konkret: durch einen aus Trauer und Sehnsucht geborenen Humor wenn nicht zu versöhnen, so doch zu verklären.

Unter allen neueren großen Humoristen und Dichtern deutscher Sprache aber ist Jean Paul in manchem vielleicht am meisten veraltet, zuweilen einfach rettungslos antiquiert. Häufig sind seine Fabeln auch schwach erfunden, die Handlungen undramatisch, viele Figuren eintönig schablonisiert: da intrigante Höflinge, oft boshafte Rationalisten, dort die ewig überflutenden Herzen – idealistisch verstiegene Jünglingsnaturen, ätherische Mädchenseelen, die reinsten Mondscheinwesen; Dunst- und Kunststoffgeschöpfe, etwas opernhaft deklamierend, auf den Wogen gleichsam ihrer überschwappenden Innerlichkeit schwimmend, kurzum durch jene sentimentale Erhabenheit enervierend, die schon Tieck mißfiel, einem Bewunderer doch, der auch den *Titan*, für Jean Paul sein bestes Buch (obwohl er zuletzt selbst wünschte, den Schlußband nicht geschrieben zu haben), als »das Höchste des Aberwitzes« geißelte. (Und was hilft's, wissen wir inzwischen, daß darin das Titanische, der »hohe Mensch«

kritisiert, abgelehnt wird?) Was jedenfalls, trotz krasser Fehldeutungen, schon die zeitgenössische Kritik klar erkannte, gilt im Grunde noch heute, infolge der historischen Distanz sogar erst recht, daß nämlich Jean Paul oft ebenso unwiderstehlich wie unausstehlich ist. Man könne da unbeschadet, schreibt Johann Peter Hebel 1801, »eine oder zwei Seiten überschlagen und die dritte mit innigem Entzücken lesen«.

Denn neben Pathos, Rührseligkeit, mancherlei Längen, neben einem üppigem Gewucher aus (schon Goethe störendem) Wissensballast, aus Zitatenüberladenheit, Exzerptenwust, allzu abwegigen Details und aufgedonnerten Metaphern, welch atmosphärische Verdichtungen, welch singuläre Landschaftsschilderungen auch! Da stehen Texte von höchster poetischer Erfindungskraft, gibt es herrlich Skurriles, satirisch Entlarvendes, liebevollste Vertiefung noch in scheinbar geringfügiges Leben, eigentümlichen Tiefsinn und unvergeßliche Sentenzen, so scharfgeschliffen, phosphoreszierend, daß sie die Brillanz eines Nietzsche antizipieren, der seinerseits Jean Paul doch als »Verhängnis im Schlafrock« verspottet, Partien derart gesättigt von den Strömen des Unterbewußtseins, daß man von einem James Joyce »in liebenswertem Dur« gesprochen hat.

Und so eindringlich lustvoll, ja besessen Jean Paul Zeit und Geschichte spiegelt, so enzyklopädisch er die Materialien der Vergangenheit rekapituliert, so sehr er, was seinen kolossalen Früherfolg mit erklärt, mehr Ende war als Anfang – es steckt auch erstaunlich Vorausweisendes in ihm, frappant Modernes, Surrealistisches, Zynisch-Brutales, es gibt Alpträume der Verstädterung, Naturzerstörung, Vernichtungsvisionen – »die ganze Erde war von einer Stadt zur anderen mit stiller Asche hoch beschneiet...«

Bei alldem aber, und so unbeirrt Jean Paul seit

seiner Jugend den Ruhm erwartet und systematisch vorbereitet hat, dokumentiert sein Werk durchaus keine wildgewordene Manier, keine extorquierte Künstlerbizarrerie, sondern nichts als sein Wesen, sein einmalig kompliziertes, exzeptionell versponnenes, geniales Naturell. Sein Stil, kein Zweifel, war er selbst. »Ich wäre nicht ich, schriebe ich anders.«

Um das Ich, freilich in ganz andrer Sicht, ging es auch einem weiteren, mit Bayreuth verbundenen Autor. Er wurde dort, zwei Jahre nach dem Einzug Jean Pauls, am 25. Oktober 1806 als Sohn eines Flötenmachers geboren, hieß Kaspar Schmidt, nannte sich jedoch als Schriftsteller mit seinem Studentenspitznamen Max Stirner. Nur die ersten vier Jahre seines Lebens und eine achtjährige Gymnasialzeit, aus der fast nichts bekannt ist, verbrachte er in Bayreuth.

Das Geburtshaus, Maxstraße 31, bis vor kurzem als touristische Attraktion gerühmt, existiert zwar auch im neuesten Prospekt noch als »ein zu Stirners ungemütlicher Philosophie behaglich kontrastierendes Wirtshaus«, machte aber inzwischen einem Neubau Platz. »Dies ist das Geburtshaus Max Stirners...« lügt daran nun die alte Tafel (gleich unter der neuen Wahrheit »Hettlage petit«). Etwas zutreffender wenigstens mag ein zweiter und letzter in Bayreuth noch an Stirner erinnernder Artikel sein – ein Bierfilz (»aus Lust am Durst«), der rückseitig (»Bayreuther machen Geschichte«) Stirners Konterfei zeigt, das einzige, auf Friedrich Engels zurückgehende, doch wohl ziemlich verzeichnete Stirner-Bild.

Als Zwanzigjähriger verließ Kaspar Schmidt Bayreuth für immer – und wir verlassen es hier mit ihm –, studierte in Erlangen, Königsberg und Berlin, wo er dann fünf Jahre lang, bis 1844, »höhere

Töchter« unterwies. Er erheiratete ein Vermögen und wechselte damit, in an sich richtiger Einschätzung der Situation, vom Mädchenpensionat in eine Milchniederlage über, die freilich zur Niederlage in jeder Hinsicht wurde. Denn Stirner hatte zwar die Zufuhr der Milch gut organisiert, nicht aber ihren Absatz: Sie kam, staute sich und wurde sauer. Und sauer wurde auch Stirners Frau. Doch während sie, nach dreijähriger Ehe geschieden, über London nach Australien und wieder nach London ging, Waschfrau, stockkatholisch ward, erneut vermögend und uralt, geriet Stirner rasch in stets größere Not, zweimal wegen Schulden ins Gefängnis und starb, nach ständiger Flucht vor seinen Gläubigern, schon am 25. Juni 1856, knapp fünfzigjährig, am Stich einer Fliege.

Schwerlich kennten wir diese seit Marx immer wieder hohnüberschüttete Tragikomik ohne jenes unter dem Titel »Ich« begonnene Hauptwerk *Der Einzige und sein Eigentum,* das 1845 erschien. Sofort beschlagnahmt, nach wenigen Tagen aber als »zu absurd« wieder freigegeben, war es zunächst eine Sensation, wurden auch in Jahrzehnten vermutlich nur tausend Exemplare verkauft, wurden der radikale Nonkonformist und sein Schaffen – darin in etwa dem Schicksal Jean Pauls ähnlich – bis um die Wende des zwanzigsten Jahrhunderts fast vergessen.

Noch heute fristet Stirner in Philosophiegeschichten eine Randexistenz, erscheint in ihnen *Der Einzige* mehr *curiositatis causa* oder bestenfalls als interessante Spintisiererei. Tatsächlich ist es jedoch nicht nur ein originelles, sondern oft auch vorausweisendes Werk, hellwach und träumerisch zugleich, bewundernswert klar geschrieben, ja im Gegensatz zu dem vielfach verderbten Philosophendeutsch seiner Zeit erstaunlich modern. Mit einem munteren »Da bin ich!« springt der Verfasser in die Seiten und führt uns weiter ohne abstrakte Blässe, Langeweile, schneidend entschieden vielmehr, höhnisch heiter, zwar stets doktrinär einseitig, stets frei aber auch von Phrasen und mystifikatorischem Raunen.

»Was soll nicht alles Meine Sache sein!« ruft Stirner empört: das Volk und das Vaterland, Sitte und Gesetz, die Majestät, die Familie, der Weltgeist, die Menschheit, die Partei, die Ordnung, die Arbeit, Unsterblichkeit etc. etc. – »nur Meine Sache soll niemals Meine Sache sein!« Denn all diesen großen Despoten der Geschichte, all diesem »Heiligen«, Unheimlichen, Fremden wurde und werde immer das Ich geopfert, einem angeblich absolut Interessanten das »Privatinteresse«, einem Allgemeinen der einzelne.

Das »Heilige«, worunter Stirner, zu summarisch, undifferenziert, Verschiedenstes verteufelt, versperrt dem Menschen den Weg zu sich selbst, entmenscht, entfremdet ihn, macht ihn zu einem Anbeter, Besessenen, betört und betrogen durch Gespenster. »Schau' hin in die Nähe oder in die Ferne, Dich umgibt überall eine *gespenstische* Welt: Du hast immer ›Erscheinungen‹ oder ›Visionen‹. Alles, was Dir erscheint, ist nur der Schein eines inwohnenden Geistes, ist eine gespenstische ›Erscheinung‹ ... ›Du siehst Geister‹.«

In diesem von veritablen Ver-rückten wimmelnden Gespensterpanoptikum aber sind für Stirner Narren, die sich für Gottvater halten oder den Kaiser von Japan, nicht mehr von einer *idée fixe* besessen als jene, die wähnen, ihre Bestimmung sei es, ein guter Christ, ein loyaler Untertan zu sein.

Nicht im geringsten blenden Stirner bloße Begriffsmanipulationen, neue Schlagworte mit den alten entfremdenden Effekten. Statt göttliche menschliche, statt kirchliche staatliche Formeln und Formen zu setzen, statt der Adelsherrschaft die Herrschaft des Bürgertums, des Proletariats, den Kult des einen

Popanz durch den des anderen abzulösen diene nur zur weiteren Unterdrückung des Ich. Das »Jenseits außer Uns« dürfe nicht durch ein »Jenseits in Uns« liquidiert werden, sondern durch – Uns. (»Unsere Atheisten sind fromme Leute.«)

Wie unter den Händen der Herren Recht stets Vorrecht, Vorrecht Macht und somit zum eigentlichen Inhalt des Rechts die Gewalt und noch der Krieg geheiligt wurde – *contra vim non valet ius,* so haben selbst die Revolutionen, die immer nur Reformationen gewesen, nur jeweils neue Herren anstelle der alten gebracht und nie die Herrschaft beseitigt. »Die Revolution zielt auf neue Einrichtungen, die Empörung führt dahin, uns nicht mehr einrichten zu lassen.« Propagiert wird die individuelle Revolte, die Freiheit nicht des Bürgers, des allgemeinen Menschen, sondern des einzelnen, der bloß auf sich gestellten, der selbstbewußten, selbstherrlichen Persönlichkeit, des Einzigen, der nichts über sich anerkennt, kein anderes Wohl und keinen fremden Willen. Komm zu Dir! Such Dich selbst! ruft Stirner. »Um Dich dreht sich Alles, Du bist die Mitte der Außenwelt und die Mitte der Gedankenwelt.« »Du bist nirgends außer Dir, bist nicht zum zweiten Male in der Welt, Du bist – einzig.«

Statt der vielen großen Egoisten, der Religion, des Staates, der Gesellschaft, plädiert der Autor dafür, endlich selbst der Egoist zu sein. Wird aber derart der Egoismus zum Charakteristikum des Menschen, zum Prädikat des Ich, so übersieht Stirner, dessen Befreiungsaktionen sich im wesentlichen im Bewußtsein abspielen und geistig geschehen sollen, daß die Unterdrückung des Individuums eben nicht (nur) das Produkt von Denkakten, ideellen Vorgängen ist, sondern mehr noch von realen ökonomisch-gesellschaftlichen Verhältnissen.

Wer aber Stirners absolut gesetzte subjektive Programmatik rügt, vergißt, daß die Menschen immer und überall Egoisten sind, auch die *bonae voluntatis*, die Selbstverleugner, Idealisten; bloß, und dies brandmarkt der gebürtige Bayreuther: uneingestandene, vulgäre, knechtische Egoisten, sich selbst betrügende, wenn nicht reine Heuchler; lohnsüchtig zumindest allesamt, und alle auch im Schatten irgendeines »Heiligen« grasend. Existiert Heiliges doch überhaupt »nur für den Egoisten, der sich selbst nicht anerkennt, den *unfreiwilligen* Egoisten, für ihn, der immer auf das Seine aus ist, und doch sich nicht für das höchste Wesen hält, der nur sich dient und zugleich stets einem höheren Wesen zu dienen meint, der nichts Höheres kennt als sich und gleichwohl für Höheres schwärmt«.

Stirner – persönlich liebenswürdig, höflich, sanft, ein geschätzter Lehrer, ohne jedweden privaten Feind, ein »möblierter Herr«, der zurückgezogen und bedürfnislos lebte, als einzigen Luxus sich gute Zigarren leistend – konnte zwar im konsequenten Zuendespinnen seines Systems gelegentlich bis zur Proklamierung des Krieges aller gegen alle gehn, zur Legitimierung des Betrugs, ja des Mordes. Aber er betont auch wiederholt, nichts von dem preisgeben zu wollen, was die Menschheit unter so großen Opfern errungen. Sein Egoismus, macht er geltend, sei nie gegen ein *wirkliches Interesse* gerichtet: »nicht gegen die Liebe, sondern gegen die heilige Liebe, nicht gegen das Denken, sondern gegen das heilige Denken, nicht gegen die Sozialisten, sondern gegen die heiligen Sozialisten«. Denn: »Nur Fromme, nur heilige Sozialisten u. s. w., nur Heilige aller Art verhindern, daß der Mensch im Menschen anerkannt und gewürdigt wird.«

Es ist leicht, Stirners Resultate, seine letzten terriblen Konsequenzen, ad absurdum zu führen, schwer aber, wenn nicht unmöglich, seine entscheidenden Einsichten zu widerlegen. Wo er die großen Götzen der Menschheit attackiert, ihre pompösen Güter erbarmungslos als Attrappen enthüllt, die heiligen Kühe der Rechten, der Linken, der Mitte schlachtet, trifft er Nationalisten und Kommunisten, Christen und Liberale. Alle übergießt er gelassen mit seinem Spott und erntet Hohn, Haß, Schweigen. Doch hätten Marx/Engels, die Stirner als »Sancho Panza« und »Sankt Max« diffamieren, dem »Einzigen« eine Replik gewidmet, so umfangreich ursprünglich wie Stirners Werk selbst, wäre dies so lächerlich und des Vergessens wert? Die Welt hat sich verschworen, ihn zu verschweigen. Doch sie konnte ihn nie ganz vergessen, auf allen Seiten auch, von Bakunin und Erich Mühsam bis zu Mussolini. Belinskij und Turgenjew hat Stirner beeinflußt, Richard Wagner und Dostojewski, Eduard von Hartmann, Carl Sternheim, Frank Wedekind, B. Traven, George Bernhard Shaw, André Gide, Alfred Kubin. Er wirkte auf Rudolf Steiner und Herbert Read, Croce und Heidegger, Sartre und Camus. Spengler stellt ihn in seiner Reihe modernster Revolutionäre an die Spitze. Und nicht zuletzt vertritt Nietzsche, verblüffend gleich mitunter, die Verneinungen des formidablen Franken, ohne sich freilich mit dessen Resümee zu begnügen.

Was Stirner ins Zentrum seines Werkes rückt, das auf einer echten Aporie beruht, ist die irrationale Einzigkeit des Individuums, die er nur allzu einseitig und gefährlich verabsolutiert. Er begehrt, wie bereits Ludwig Feuerbach nicht unfreundlich, doch auch nicht ohne Ironie kritisiert, schon für dieses Leben jene »Individualseligkeit«, welche die Christen erst im Himmel erwarten.

Mag aber Stirners Traum einer herrschaftslosen Gesellschaft Traum bleiben – seine Leistung besteht nicht nur im Mut zum Paradox. Vielmehr wird seine Empörung, sein Aufbegehren gegen verlogene begriffliche Verkrustungen, den scharlatanesken Phrasen- und Machtmißbrauch jeder Provenienz, sich nie ganz unterdrücken lassen, in jeder Generation weiterwirken, künftig vermutlich mehr als heute. Gewinnt doch angesichts so vieler pseudosozialistischer Kollektivierungs- und Nivellierungsprozesse ringsum (gerade im Geistigen auch, im Kulturellen) Stirners Akt der Selbstbefreiung – seine anarchische Verstiegenheit einmal beiseite! –, sein Insistieren auf dem ewigen und ewig geschändeten Recht des Individuums, erhöhte Bedeutung. Denn eine proletarische Welt, worin der einzelne fast nur noch Sklave der Gesellschaft ist, taugt kaum viel mehr als eine kapitalistische, deren Massen bloße Ausbeutungsobjekte einzelner sind, womit ich durchaus nicht das *est in medio verum* verkündet haben will.

Mochte auch ein Ernst Bloch Max Stirner »philosophische Windbeutelei« unterstellen, Feuerbach attestierte ihm, trotz seiner Gegnerschaft, »ein höchst geistreiches und geniales Werk« und »die Wahrheit des Egoismus«. Wäre nur noch zu erinnern an die von Stirner definierte Zusammensetzung der Menschheit aus eingestandenen Egoisten und uneingestandenen sowie daran, daß auch die Herrschenden heute, hüben wie drüben, ihre Herrschaft dazu benutzen, ihre speziellen Interessen als allgemeine durchzusetzen. »Zuletzt muß man sich überhaupt alles aus dem Kopf zu schlagen wissen, schon um einschlafen zu können.« (Stirner)

Die Fränkische Schweiz

Für Hermann Gieselbusch

> »Aber«, rief jemand, »doch nicht so schön wie bei Ihnen!« – »Wie«, sagte ich, »schöner bei mir als in Wirklichkeit – spricht das gegen mich?«

Vielleicht sollten Sie auch nur das Wochenende, den Saisontrubel meiden? Eine andre Jahreszeit wählen, eine günstigere Tageszeit bloß? Die Beleuchtungen sind wichtig, Schneewolken, Kirschblüte, Gewitterfronten – die Stimmungen. Vielleicht stimmt's auch mit Ihnen selbst nicht? Oder mit Ihrer Begleitung?

Fränkische Schweiz – ein zu hochstapelnder Name natürlich für das gewiß kontraststarke Ländchen zwischen Erlangen, Bamberg, Bayreuth; ein überanstrengtes Wortpaar, an aufgedonnert Alpines erinnernd; eine verbale Mesalliance, wie die Namen der nahen Hersbrucker, der Mecklenburgischen, Schweriner, der Märkischen, Ruppiner Schweiz, die schon Fontanes freundlicher Spott traf: »Die Schweize werden immer kleiner.«

Fränkische Schweiz – vielleicht ein Begriff erst des neunzehnten Jahrhunderts. Vordem: Muggendorfer Gebirg, noch aufgetakelt genug. Doch ist fränkischer Jura viel besser? Frankenalb? Namen zu geben sei nicht so leicht, sagt Goethe, von dem man behauptet und bestreitet, daß er hier gewesen. Name ist Schall und Rauch. Und gehört zum Schönsten der Fränkischen Schweiz nicht, daß sie so unschweizerisch ist und so fränkisch?!

Ja, diese »artig auseinandergebrochene Schweiz« (Jean Paul) erinnert an vieles in Franken: die Pegnitz – ohne Ursprung heißt's und älter schon als Donau, Rhein –, die Wiesent, der Haupt- und Herzfluß, an Seine Lieblichkeit, den Main; die schmal vergrasten Seitengründe an manchen Spessartbach; die kärglich schönen Hochplateaus an die Verlorenheit des Haßberglandes; und an den Steigerwald mitunter der Veldensteiner Forst.

Doch eins ist auffallender, eigenwilliger hier, prägt Wald und Flur, steinigt zahlreiche Ortsbilder noch, dies so preziöse Dolomitgeräkel: Kalknadeln, Felsstümpfe, »Stotzen«, Phantastisches aus Jahrmillionen; die Drei Zinnen etwa, die Hohe Nase, der Säukirchner Turm, Kugelspielturm, der Hosenknopf-, der Höllenstein, die Schwedenfelsen, der Alte Fritz, der Kuhkopf, Teufelsbrunnen und gar viele mehr.

Gerade das jedoch mißfiel mir früher, dies so verschrobne Launenspiel der Landschaft, dies Geckenhafte gleichsam der Natur, Schmierenkomödianten! Oh, ich verabscheute sie, wie die gewöhnlich geschwänzten Schulwandertage. Erst lang danach, auf einem irrwirren Gratritt später Jahre – »alt wird man wohl, wer aber klug« –, begann ich, die Gegend zu lieben, fast mehr als alles in Franken, während sie nun für mich fast wieder wie alles in Franken ist.

Am schönsten dort, neben dem Mai, der Oktober (wie im Jahreszeitenlauf des Lebens die Jugend und ein gewisses Alter vor dem Alter). Das ewige Sichwinden der jungen Wiesent, von Steinfeld, Hopfenmühle, Treunitz her: Fünfzehn Treunitzer im Ersten, zwölf im Zweiten Weltkrieg gefallen, »... bereit, fürs Vaterland zu sterben«. Ja, immer idyllischer wird's, ein Drehn und Wenden der Kleinen, als könne sie es nicht genug genießen, unter halbvergilbten Weiden, an milden Hängen, Nadelhölzern hin. Dann, jäh und nah – man kann die Gegend kaum bezauberter betreten –, Burg Wiesentfels, steilgiebelig sich übergiebelnd, auf blankem Stein, in einem brennenden Birkenstrauß am Himmel; ein schieferiger Grauturm mit Spitzhelm und Uhr, verschmutzte Fenstervorhänge, die Läden vergilbt, wie am Flüßchen die Weiden – und alles doppelt: am hohen Blauhorizont und unten tief in der Wiesent.

Draußen die Windungen des Wassers wieder, Bruchsteine, moosüberzogen, herbstfiebernde Büsche – kein deutsches Mittelgebirg ist so bunt im Oktober. Uralte Felsen, in lodernden Vergänglichkeiten, Nadeldüsternissen, durch Äonen zerknitterte Gesichter, und immer die kleine Wiesent, dunkelmatt, in ungezählten Mäandern.

Freienfels: ein Schloß in Birken wieder hart über der Straße, doch eindrucksvoller von Nordosten, der Hochfläche her. Und bald sieht die Ruine Neidenstein, das »Salzfaß«, trotz eines tollen ersten Anblicks nah einfach kläglich aus: beinah verschluckt von Bauernhöfchen, in Federviehausläufen untergehend. *Sic transit gloria mundi.* (Oberfränkisch: »Wennsa raigen, sähnsa ahned mehr.«)

Doch ist's in Sanspareil, dem Ort ohnegleichen (für stattliche zwanzigtausend Taler), so anders, »einfach zauberhaft und feenartig«, wie das noch Wackenroder fand? In Gedanken seh ich Zwernitz, das alte Walpotennest, gedrungen am Himmel, den markgräflichen Lusthain dazu – »Ma foi, Monseigneur, c'est sans pareil!«: gepflegte Wege, Treppchen, Tuffstein und Glimmer, bemooste Felsrippen, -tore, der Panssitz, Regenschirm, die Mentorsgrotte, Restartefakte feudaler Allüren, Mumien in Stein, rokokobarockkoko – »Zum Naturtheater!« »Das ist es?« fragte mich einst eine Dame davor. *Ma foi, Madame,* das war's. Nein, danke.

Nach Waischenfeld, Hammermühle, Pulvermühle wird die Wiesent ein einziges grünhinglitzerndes Glück (falls nicht der Tourismus rast), bis sie, bei Behringersmühle, Stempfermühle, Sachsenmühle, als zöge sie's zurück, fast umkehrt, vor Streitberg aber sich nochmals korrigiert und, ausgewachsen, all ihr Betörendes verliert bis zur Mündung bei Forchheim.

An stillen Sommertagen mit der Wiesent wandern, auf ihr fahren, an ihr liegen ... Dies stete Gehen und Verweilen der »süßen Wasseruhr«, saumseliges Geschlängel zwischen den so flachen Ufern, wo hin und wieder Erlen sich erheben und dunkler in die Wasserspiegel tauchen, die samtnen Schatten sanft auf Sonnenwiesen streifen, das schöne, schöne Wiesenttal, indes, die Welt verriegelnd, öffnend, wieder schließend, beidseits die Wälderrücken fallen, es silbriggrün von ihren Schultern schliert, in Büsche rinnt, auf Mückentrauben, den schmalhinfließenden Strom, der dunkellackig, schimmrig schiefrig, sich durch das Tal hindreht, die Zeit, da wie Fischschuppen schillert, dort lange Gräser hieroglyphenhaft an stets derselben Stelle über seine Glitschhaut zieht, in ewiger Umarmung die Hügel umwindend und ewig wieder von ihnen umarmt.

Einmal stand da ein roter Passat; ein Stoß alter Nummern von *Chord and Discord,* ein offenes Heft, unterstrichen: »In Bruckner's Romantic there is heard not the echo of Nature reflected in the soul of a man, but rather the voice of Nature itself.« Ich ging ein bißchen, und da hing's, wie traumverweht, sah kurz das Paar auch im hohen Gras, wich, selbst unentdeckt, zurück, das Horn im Ohr, wie von weit, das romantischste der Instrumente, das liebste mir, vernahm's, als hätt' es immer schon geklungen, besänne sich bloß jetzt und käm' zurück – ein Signal aus Weltentiefen, jenseits von Trauer fast, Glück: b, es – es – b, das hohe Horn, ruhig und bewegt zugleich, vom tiefen Tremolo der Streicher *sempre pianissimo* umraunt, verhallend nun, wie Atemholen, die kleine Sexte dann, ein Halbton höher bloß, als sei's die Klimax aber, das Nonplusultra allen Tagtraums, Tönens: ces, es – es – b ...

Wie manches Mal noch glitt ich an der Wiesent hin, älter werdend, alternd, wie oft das Solohorn im Sinn, die Streicher, den einsam leisen Ruf des Sehnens, ach, des Seins... Ja, nie seither am Wiesentfluß, ohne dies märchenhaft heimlich unheimliche, schier unendliche Pulsieren der Bässe und hoch darüber, *tardando*, das Horn...

Nur am Abend, zimmersuchend, auf der Hochfläche südwärts, sah ich noch einmal ihren roten Wagen in Kleingesee, vor einem schäbigen Wirtshaus, doch anmutigsanft dahinter das Land, fast überstill und leicht sich neigend, nach Liebenau, nach Galgenberg, Höhen und Tiefen – *the voice of Nature itself.*

Die Wiesent nimmt viele Bäche auf, Seitentäler mit neuen Seitentälern – das Paradiestal, Kaiserbachtal, Kainachtal, das Truppachtal, Lochautal, Zeubachtal, Eschlippertal, Weihersbachtal, Totental, rund zwei Dutzend; ungezählte Mühlen darin, freilich meist nicht mehr klappernd am rauschenden Bach, Gasthäuser nun, Bauernhöfe oder sonstwie umgemodelt, neuaufgebaut, wie die bekannteste, die Stempfermühle, Lieblingskneipe einst Erlanger Studenten, 1945 von SS verteidigt, von Amerikanern in Flammen geschossen.

Die Mühlen sterben tausendfach in Bayern, unsrem mühlenreichsten Land. Die Täler bleiben. Geruhsamer einige, versponnener; andere spektakulärer, voller Gegensätze. Sanft in Waldbuckel gemuldete, unter prächtigen Baumkuppeln sich fast unaufhörlich grünhinsinnende Gründe, wie das Leinleitertal, wo ein Kenner, der Fürst Pückler-Muskau, gleich aus dem Wagen wollte, um fern der Welt sein Leben zu beschließen. Oder Waldfelsentäler, tiefeingeschnitten. Das Trubachtal etwa: Bärenthalmühle, Hammermühle, das hübsch hanghin gammelnde Wolfsberg; immer enger der Grund. Der Richard-Wagner-Fels, dem Meister ähnelnd. Die Reichelsmühle, Ziegelmühle, Schlöttermühle, halb aus dem Wald preschende Recken aus Stein, die Hackermühle noch. Oder, berühmter, mehr befahren, das Ailsbachtal, schmalschön, waldumsäult, zwischen den Höhen Himmel sich windend. Oder das Püttlachtal, einschnürend, bizarr romantisch, im Herbst zumal, in autolosen Zeiten, wenn leicht der Abendnebel übers Gras hin geistert, verblaßt die Welt, wie verspinnwebt, nur Kiefernkronen noch im Licht und, honiggelb, die Häupter ganzer Felsformationen.

Die Aufseß, die Einsiedelei herunter nach Doos, wo das Wasser in die Wiesent mündet. Etwas bachauf die Kuchenmühle, klein, idyllisch trist einst, doch 1985 abgebrannt und neuerstanden. Und dort, beim letztenmal, wahrhaftig: ein roter Passat; ganz allein wieder, leer, ohne *Chord and Discord* aber, ohne Horn auch, Bruckner-Rhythmus, wie verwaist...

Das Untere Aufseßtal – kein Dorf von Wüstenstein bis Doos, keine Straße – führt wie weg aus der Welt, wie hin zu ihr. Waldumschlungen der schleienfarbene Bach, Schilf mitziehend, Gelbblühendes, in fast schon septembrig wehenden Wiesen. Falterüberquirlt der braune Pfad, nadelgepolstert, laubzugedeckt; drüben Dolomite gleich Köpfen alter Riesen, knapp vorspähend manchmal, doch wie vom Waldsaum gehalten. Ich hör den leisen, warmen, fast heißen Wind im Laub, ich wittere schon Herbst. Weit vorn ein Paar, die Reste eines Lagerfeuers, längstvergangne Sommer, Schatten – b, es – es – b...

Sie ist beliebt durch ihre Felsen-, Wiesengründe, Mühlen. Und doch zieht's mich hinaus stets und hinauf, nervt mich mitunter die Idyllik, das manchmal Laute, platt Belebte, brauch ich Kontraste, den Kulissenwechsel, und längst eh's dunkelt, muß ich oben sein, einen Hauch von Weite haben, Freiheit – vor der Nacht.

Ich mag die Höhen dort. Ausgestorben um Ludwag oft, Poxdorf, Königsfeld; als Gut Kunigeshoven 741 bezeugt. Die Baumeinzelgänger am Himmel von Hollfeld nach Sachsendorf. Das schöne Hochplateau zwischen Siegritz und Wüstenstein. Die Strecke Gößmannsberg, Voigendorf, Albertshof – über der Aufseß, nah der Kuchenmühle. Hinter Kohlstein, der kaum aus dem Hangwald steigenden Dornröschenstille: die anziehende Hochlage vor Hungenberg. Oder die Gegend über Weidmannsgesees, die Weite um Fuchshof, in der Nähe der Sophienhöhle, einer der vielaufgesuchten unterirdischen Schönheiten.

Die Höhlen haben das Gebiet, das unbestritten höhlenreichste Deutschlands, berühmt gemacht. Hunderte sind erforscht. Am bezauberndsten vielleicht: die Streitberger Binghöhle; am größten und kaum minder schön: die Teufelshöhle im Weihersbachtal; die tiefste: die Fellner-Doline bei Gößweinstein. An Weitläufigkeit kein Vergleich mit den Karsthöhlen Dalmatiens, doch Wunder für sich, schimmernde Tropfsteine: Orgelpfeifen, Kerzen, Phallen, kleine Türme, Stalagmiten und Stalaktiten, dünne »Makkaroni«, die man förmlich wachsen sieht – und Höhlenbären, die inzwischen ausgewachsen sind.

Die fossilen Funde faszinierten früher mehr als all die feenhafte Pracht. Deutsche, englische, französische Gelehrte kamen. 1792 edierte Cuvier in Paris *Sur les tètes d'Ours fossiles des cavernes de Gailenreuth:* Körbe voller Klauen, Zähne, riesige Tierschädel, ganze Skelette, auch von Menschen, Überreste von achthundert Bären. Und Karl Immermann fürchtete gar, dem allen noch die größte Attraktion hinzuzufügen in der Rosenmüllershöhle: »unglaublich märchenhaft«, »als halte der Berggeist Hochzeit«. Doch als er, Immermann, noch in der »Vorhalle seines

Palastes«, festsaß, nicht vor, nicht rückwärts konnte, dachte er, »ich würde sitzenbleiben, würde nach und nach versteinern und nach Jahrhunderten die größte Merkwürdigkeit der Rosenmüllershöhle werden: ein deutscher Dichter in Tropfstein!«

Was mich betrifft, bin ich lieber auf den Albhöhen: einsame Maisäcker von anrührender Melancholie, Korn, braun, wie vom Wind hingedrückt, Klee, sonnenentzündet, fichtenumsäumt, immer wieder Nußbäume auch, groß gegen den Himmel, Linden, manchmal Alleen, golden verbröselnde Lärchen im Herbst, heuende Bauern, Kiefern mit wuscheligen Sommerwolken im Haar. Ab und zu ein Bussard, träghin, ein ferner Taubenschwarm, aufkurvend, blitzgrell, dann wieder blauverschluckt. Ein altes Kapellchen, lichtüberspritzt, ein Füchslein einmal, wie lebendig noch, ich trag's in den Wald; zwei tote Vögel dann, o je. Etwas verloren alles, herb, Schmetterlinge wehend, Blätter, großflockiger Schnee, Tiefverschneites, als käm' nie wieder Grün, Dächer gegen einen Höhenzug, ein Burgturm am Himmelsrand, verschwimmende Kornrücken, fast verschimmelt im Dunst, die schon tiefstehende Sonne, die hochstehende, die Morgensonne, immer wieder kugeln sich Bäume ins Licht, stehn Büsche wie blinde Wachtposten am Horizont, stiefeln die kleinen Telegrafenmasten dahin, die aussterbenden Einzelgänger, die ich so liebe.

Mehr als zu anderen Landstrichen gehören zur Fränkischen Schweiz, wie zu ganz Franken, Schlösser, Burgen, Ruinen, alles überragend, »auf himmelhohen Klippen«, so Gustav von Heeringen, »Ritterburg an Ritterburg, Schloß an Schloß, Trümmer an Trümmer«. Stritten doch da, auf der einstigen *terra slavorum,* die Hohenzollern, die Reichsstadt Nürnberg, die Markgrafen von Brandenburg-Bayreuth, kleinere Strauchdiebe auch, »Raubritter« (o klassischer Pleonasmus!) und nicht zuletzt die Bischöfe Bambergs, die großenteils das Land beherrschten. Sie alle – nicht einer nur – waren die »Geißel Frankens«, Ausbeuter, Feuerleger, Mordbrenner: die gute alte Zeit. Und bei ihren Fehden, den Hussitenzügen, im Feldzug des Schwäbischen Bundes, im Bauernkrieg, im Markgrafenkrieg, im Dreißigjährigen Krieg, verschwand von den hundertneunzig Burgen und Schlössern des »Ritterkantons Gebürg« rund die Hälfte. Dies ist traurig, denn ich liebe Schlösser, mehr noch Burgen, beiseite natürlich, daß ihre Bewohner eben Blutsauger waren, Leuteschinder, eine üblere Art Räuber, und ich liebe, vielleicht deshalb, besonders Ruinen... Im übrigen wähle ich aus, völlig unbeeindruckt von Kunst- und Reiseführern. (Ich liebe Führer überhaupt nicht.)

Wiesentfels, Freienfels erwähnte ich; Burg Kohlstein desgleichen, kuschelig hangwaldvergraben, in ewiger Siesta. Doch selbst im Flachen fesselt mich manch Schloß. Wiesenthau beispielsweise; imposant hochgiebelig, zipfelmützenbetürmt und sehr ansprechend vor dem Walberla, in Dürers Eisenradierung »Die große Kanone« (1518) einbezogen; das eigenartigste Massiv im Land, flachkuppelig breit und fast baumlos hingestreckt – wie ein ruhendes Kamel ohne Kopf.

Nah auch: Kunreuth, Geburtshaus von Goethes Testamentsvollstrecker. Beglückende Symbiose von Landschaft und Schloß. Da trutzig untersetzt, dort hoch, fast fragil, etwas stilwidrig auch; doch nirgends die schönen, schönen Bäume überragend, die es, fast traumwandlerisch, dem Dorf verbinden und diskret distanzieren zugleich. Im Zweiten Weltkrieg zwölf Artillerietreffer. Im Markgrafenkrieg neununddreißig Bauern, der Pfarrer, die Kinder, im Obstgarten erhängt – im Herbst herrlich; anheimelnd mürb. Und alles einst berückend blausilbern umwässert. »Wir gingen über Kunreuth, dessen Lage vorzüglich hübsch ist.« So einer, der gern zum Walberla wanderte; der die Schönheit angeschaut mit Augen ... auch schrieb: »Es liegt an eines Menschen Schmerz, an eines Menschen Wunde nichts ...«, eines der großartigsten und deprimierendsten Gedichte, die ich kenne.

Schloß Egloffstein? Zu luftkurorthaft, etwas matronenhaft thronend. Auch die zwei Aufseßhäuser dürftiger als ihr Ruf; beim unteren fehlt's an der Lage, beim oberen an ihm selbst. Und einmal regierte das reichsunmittelbare Geschlecht über fünfzig Edelsitze samt dreiundvierzig Dörfern. Burg Hilpoltstein: leicht lächerlich auf ihrem Juchhe; aber eigene Gerichtsbarkeit einst (mit »Armensünderstuhl«, die letzten, die man köpfte, stets mit Chorgesang: zwei »Kindsmörderinnen«). Burg Pottenstein: Zufluchtsort der heiligen Elisabeth 1228/29. Seitdem mehrmals ruiniert und wieder erbaut, ist das »Elisabeth-Zimmer«, o Wunder, noch immer zu bestaunen, und das Ganze für mich noch unbefriedigender als schon für den Fürsten Pückler – während der stolze Horst des Grafen Stauffenberg, Schloß Greifenstein, von Dientzenhofer barock umgestaltet und nach dem 20. Juli so knapp entkommen wie damals Hitler, zwar weiß, wie ein Traum, über alle Höhen schimmert, auch romantisch genug aus dunklen Waldschluchten steigt, doch innen etwas steril wirkt, museal; Morgenstern, Türkenkrummsäbel, Touristen. »Das Mitnehmen [!] von Hunden ist nicht möglich!« (Die Gräfin züchtet Irish Setter.) Und vor dem intimeren, bestrickend hochbaumumzirkelten Hundshaupten, innen wohl ähnlich verlokkend wie außen, ließ mich die Devotion im Schloßschatten flüchten: trotz »bürgerlicher« Freifrau so mächtig noch wie die bis zu fünf Meter dicken Mauern eines Hauses, das man dreimal zerstört hat, auch wegen »Raubritterei«.

Bleiben mir, neben Kunreuth, drei kaum vergleichbare Favoriten.

Einmal, auf vorspringendem Fels, jäh über der Wiesent, mit tollem Tiefblick, Burg Rabeneck, mutterseelenallein im Wald, ein richtiges Raubnest, von Scheffel besungen, von Ludwig Richter gezeichnet, eine schmal aufschießende Halbruine mit überdachtem Ziehbrunnen im engen Hof, unsäglich moosgrün in der Sonne. Und unbegreiflich, unvergeßlich der Frühabendschein, wenn man vom knappen Henkersplatz der Burg, gleich vor dem absausenden Hang, steil an ihr hochschaut, nichts als Fels, als Stein, nur Wand, und ganz oben die engen Fenster, nichts als ein dünnes Vogelzirpen in der Luft, nichts als das Licht auf dem Haus, Jahrmillionen Jahrhunderten begegnend, dieser kleinen, komisch blutigen Geschichte, wie's da aufleuchtet kurz, Abschied nimmt, so viel Trauer, so viel Gewesensein, Vergeblichkeit – nur das Licht sieht's, nur das Licht sagt's, ungerührt, stumm.

Nicht weit von Rabeneck, familiengeschichtlich auch verknüpft, Burg Rabenstein, fast im Farbton des Felsens, dem sie entwächst, schroff über dem schmalen Ailsbachgrund – kaum bemerkenswert beim Hotel-Eingang, um so mehr von unten, zwischen Bärenbrücke und Neumühle, noch bewegender aber vom Pavillon her, nächst der Klaussteinkapelle: im Gegenlicht, beinah im Schattenriß, einfach unglaublich schön, das Tal nahezu überspannend, in den Waldschluchten schwebend, die Reihe der Fenster, Dächer, wieder Wald darüber, davor Lärchen, als ob's Gold regnete... Unten, auf kargem Grünfleck, kurz besonnt noch, Schafe in der sich rasch eindämmernden Tiefe, wie regungslos; indes ganz oben, noch hell, die achthundertjährige Burgkapelle ein Hahn umkräht, als käm' der Frühling; an der Kapellentür das Blatt eines eiligen Tippers: »Nimm Dir Zeit für Gottä [sic], er hat auch immer Zeit für Dich.«

Nie traf ich einen Menschen dort, im Herbst, im Frühjahr. Nie sah ich, außer auf Bildern, den Burggarten auch, der über die Maßen schön sein soll. Nur eine Mieze, dichtbehaart, braunäugig, strich mir da einmal ums Bein, schmiegte sich ganz eng an – und ging wieder. »Na, Kätzchen...?«

Für die Katz auch meine Erkundigungen nach dem Verkauf von Burg Gaillenreuth; aus begreiflichen Gründen.

Ja, das »Zweifensterschlößchen«, rank und schlank, wie geschaffen für mich, auf der Hochfläche über einer Steilwaldschlucht, die im Blätterfall, bodenlos scheint's, nach unten sinkt in die nicht einmal zu ahnende Wiesent. Oben, das hohe, fast weiße, sehr schmale Haus, drauf der Schatten entlaubter Astgerippe, wie mit Artistenhand gepinselt – und immer umregnet von Blättern, von Vogelgezwitscher. Dicht neben dem Burgflügel, durch eine dunkel überdachte Holzbrücke verbunden, das breite, schöne Fachwerkforsthaus, ein Wirtshaus jetzt, altes Gemäuer, tiefbraunes Holz, fast schwarz, zwischen herrlichen Bäumen. Vorn Schilder, wechselnd: Zutritt nur für Gäste... kein Zugang... Geschlossen. Die Pächter gehn wieder. Der Besitzer kommt nicht. Und immer die Blätter wie Schmetterlinge. Ein kleiner Brunnen, überdacht, Rosen, etwas traurig im Spätnachmittagsschein, rötliche, eine weiße, eine spärliche Reihe, und alles sterbend, doch rührend, hinreißend fast in der Stille unter den Mauern. Jenseits dieser Schloßseite, ein paar Schritte nur, im tiefen Schatten plötzlich, im jäh grünabstürzenden Gras, ein schmales Beet ganz roter Rosen über dem am Steilhang heraufflammenden Ahorn.

Unscheinbar? Aber Pückler-Muskau hat es bewundert. Ebenso Graf Platen. Und Sie, Sie fänden ja auch an Rabenstein nichts, an Rabeneck, Sie würden den Rhein doch viel breiter finden als den Ailsbach und den Mond noch nicht so überlaufen, ja, Sie gehören nach Sylt, Las Vegas, aufs Matterhorn.

Hier aber gibt's jetzt nur noch – Ruinen.

Die Neideck etwa über Streitberg, wo für Jean Paul, mit einem (unbekannten) Schätzchen reisend, der Weg »von einem Paradies durch das andere« lief; wo Goethes »Urfreund«, der dreiundfünfzigjährige von Knebel, verliebt in seine künftige Frau, gar vom »schönsten« Weg »der Welt« geschwärmt. Der Neideck gegenüber die Reste der Streitburg, noch verlockender die Sicht. Im äußersten Nordwesten der massige Giechburgstummel mit weitem Rundblick, dem reizenden Pfad auch zum nahen Gügel, der aus Fels steigenden, von ihm halb umarmten Kapelle.

Ruinen über Ruinen. Riegelstein, Strahlenfels, Stierberg, Hollenberg. Im Trubachtal: Leupoldstein, Bärnfels, Wolfsberg, dessen Edelfreier Wirnt von Grafenberg mit den zwölftausend Versen seines *Wigalois* Literaturgeschichte machte. Von Platen mit weniger bleibt mehr. Von Burg Krögelstein blieb fast nichts. Vom Schloß der Aufseß Rothenbühl steht kein Stein mehr auf dem andern, ebenso vom Aufseßsitz Neuhaus. Burg Winterstein kaum noch dem Namen nach bekannt. Spurlos das Sachsendorfer Wasserschloß verschwunden. Ein weiteres Schlößchen dort ließ 1850 ein Baron zertrümmern, weil's seine Frau drin mit dem Förster trieb. Aus Burg Wüstenstein erstand 1848 ein Kirchturm, 1920 eine Friedhofsmauer – ja, ein Grab, sagt Lichtenberg, ist doch allemal die beste Befestigung wider die Stürme des Lebens. Von Burg Wichsenstein: nichts als der steile, doch leicht begehbare Felsen samt lohnender Sicht ringsum und ein paar Verse Victor von Scheffels, der wohl besser trinken als dichten konnte.

Eine der mir liebsten Ruinen: Wildenfels – der einsame Stummel, traurigschön und weithin starrend, versteinte Melancholie, verwunschen im Wald; kaum je besucht, fast aussichtslos; im Mauerrest des Wohnbaus ein dicker Laubteppich, ein halbes Dutzend Bäume darüber und, durch eine der Fensterhöhlen, irrschmal, aber weit, weit, nur Wald.

Wald, Wald, doch schöner noch, am schönsten, auf Leienfels. Zunächst eher unscheinbar zwar: wuchtige Steinquadern, an gewaltige Kerzenhalter erinnernd, wie eine Bühne, hinter der man nichts mehr erwartet, bis sich, wo's unvermutet abstürzt, über heraufklimmenden Fichtengipfeln, die Szenerie erst auftut: bloß Wald wieder, Wald, aber ganz breithin jetzt, weithin, schon im Abendlicht, vor der sinkenden Sonne, sich ineinanderschiebende, immer mehr entziehende, acht-, zehnfach hintereinander hinhuckelnde Kämme, lange dünne Nebellagen dazwischen, nirgends ein Dach – und ruhig, ruhig, nur Wind summt, doch kaum der; sehr sanft bloß wiegen sich, nah vor, nah unter mir, die Fichtenwipfel, und dahinter, darüber, gegen das immer tiefer verglosende Gestirn, stets höher und diesiger und verdunstender, ferner Wald, Wald...

Natürlich gibt's andre Aussichtspunkte: den Plankenstein, Wachsstein, Kreuzstein, Adlerstein, den Knock, den Röthelfels, Guckhüll, das Walberla, die Rettener Kanzel, nicht zuletzt, ich sah sie nur auf Fotos, die wohl vieles übertreffende Neubürg. Denn, weiß der Himmel, ich habe nicht alles besucht; aber auch längst nicht alles genannt, was ich kenne. Balthasar Neumanns das spießige Gößweinstein pompös erdrückende Basilika erschien mir seit je fatal deplaciert – während ich Sankt Moritz, das leider nun ganz zugewachsne Bergwaldnest (stets quietscht das Pförtchen dort, als wollt' es weinen), mit seinem kleinen Friedhof rundum, so anmutig allerliebst finde, daß ich am liebsten, nur nicht schon jetzt, selbst da läge.

Nein, weder Kunst- noch Reiseführer noch Werbeprospekt, auch kein Wandererberater mit Hinweisen darauf, wo die Roulade achtfünfzig, der Schweinebraten sieben Mark kostet, der Schwiegersohn Metzger, die Wurst hausgemacht, die »frisch geschlachtete Forelle ein Zungengedicht« ist oder wo der »Erfinder« der Frankfurter und Wiener Würstchen das Licht der Geschichte, das ist der Geschäfte, erblickte.

Nein, nur was mir gefällt da, manchmal auch nicht, was ich mag: windschiefe Feldscheunen, ein schmutzigdunkles Mühlrad, für alle Zeiten ausrangiert, kleine Weiher in grünen Nachmittagen, die Schieferkuppel eines Schloßturms, seine goldziffrige Uhr, zwei Bäuerinnen, die sich auf der Hausbank sonnen, die alten Gärten dort im Oktober und Backöfen, wie zum Umarmen, aus Urgroßmutters Zeiten. Irgendwie – als mache alles ein Nickerchen. Eingefreßne Täler, die Wege dem Wasser folgend, hinter jeder Biegung Neues, Altes, große Weiden im gelben Herbst, windgebeugt, silbrig wie Oliven, Gründe mit einsamen Pappeln, mit Fichtenprozessionen, das schiefe späte Nachmittagslicht auf der Püttlach, die wilde Bärenschlucht, Säulenwacholder am Steilhang, mausgraue Dolomitwände, rötliche, schwärzliche, die Neideck, schön und traurig am Abendhimmel, Felsen aus Büschen wachsend, Büsche aus Felsen. Die abgezehrten Hochflächen um Burggailenreuth, Kuppiges mit Schlehen, Heckenrosen, Weißdorn, Turmspitzen im Maihimmel, Wirtsgärten dann und wann, Kirschbäume wie rote Glocken, Kleingesee und sein verlotterter Gasthof, ein Auto davor, wahrhaftig: »Glück« steht darauf. Der zwölfhundert Jahre alte Weißdorn in Wohnsgehaig, die tausendjährigen Linden Kasbergs, Gräfenbergs, die in Wichsenstein, unlängst vom Blitz ihrer Ketten befreit und nun dabei, befreit kaputtzugehn. Die Lindenallee über Burg Wiesentfels, arg mitgenommen schon, doch manches noch wie großgebündelte Blumensträuße im Feld, die stattliche Lindenparade auf Greifenstein (mit der Burgparade dahinter), Sichfortwellendes, Versinnendes, engschnürend der Wald, zurückweichend wieder, Fernen, blaudunstig ineinandergehügelt, tief vom Tal her Burg Gößweinstein, der schmale weiße Turm vom Abend angeleuchtet, wirklich etwas Gralsburghaftes. Untergang spinnt um Felsen, Ruinen, wie verjüngt im Aprillaub, vergreist im Schnee, ehrwürdiger dann noch, richtige Herren, Schlupfwinkelritter.

Groteskes schließlich: *genius loci*. Der Hexenverbrennungsofen von Bambergs Seelenhirten im siebzehnten Jahrhundert stand zwar nicht ganz dort, eine Gedenkstätte für die Verbrannten aber fehlt; hier und wohl überall – warum eigentlich? Doch den vierzig Menschen – Kinder, meist Frauen –, die in einem kümmerlichen Loch bei Tiefenellern, international diskutiert, jungsteinzeitlichem Kannibalismus erlagen, vor immerhin sechstausend Jahren, errichtete ein Pfarrer der Diözese Bamberg eine Gedenktafel am Straßenrand: »DEN OPFERN DER JUNGFERNHÖHLE ZUM GEDÄCHTNIS«. So zartbesaitet ist man im »Schlupfwinkel des deutschen Gemüts«!

Ganz nah die Eulensteine, wo man, auf dem einen zumal, sehr schlank und spitz, gut eine Eule sich denken kann in der Nacht – während an klaren Tagen der Blick bis zum winzigen Turm der Altenburg schweift, einstigen Sitz der Bamberger Bischöfe.

Unsäglich unberührt, diese Felsen dort, von den heidnischen Opfern, den christlichen; tief in Vergessenheit versunken, mit so vielem Verdrängen, Verschweigen befaßt, mit rührend zerbröckelnden Erinnerungen, versteinte Gesichter, versteinte Rätsel, rötliches Laub, gelbes, ganz dunkles auch, gleich gestocktem Blut. Manchmal kräht ein Hahn von Tiefenellern herauf, manchmal schäumen die Wiesen, grüne Wasser, im Frühsommerlicht, baden die kleinen Feldgehölze die Füße im Nebel, manchmal der Abendhimmel ein einziger Fledermausflügel, und Baumstümpfe wie aus dem Erlkönig.

Doch alles viel schöner noch, wirklich, wenn Sie verliebt sind. Aber das ist schwerer zu erreichen als die Fränkische Schweiz.

Die Haßberge

»Land der Schlösser, Burgen und Ruinen« –
ein Land abseits, Land der Stille

Für Thomas Deschner
(1959–1984)

Etwas Verlorenes, Verlaßnes fast geht aus von diesem Land, dem am seltensten besuchten Frankens – als schreckten schon seine Namen ab: Haßberge, Grabfeld; als würfe der Todesstreifen im Norden weit seinen Schatten über schwingende Ebenen, sanftrückige Höhn; als läge da bereits, im Herzen Deutschlands, eine Art Niemandsland, wo im Spätherbst bloß Wind über dunstverwischte Felder fährt, bald Schnee violett in einsame Baumhorizontdämmerungen hügelt, um Ostern Schlüsselblumenwiesen sich schmal um Erlenbäche, Weidenstümpfe drehn, bis braun dann, erhitzt, das Korn im Flachen hinfiebert, während oben auf dem Kamm, waldverschlungen still, hochbussardüberkreist, der Rennweg wie für niemand zieht, für nichts – fern alles, weit, ein vergeßnes Land, ein Land, um zu vergessen.

Die Haßberge – im Osten, im Süden vom Oberlauf des Mains begrenzt, im Norden und Nordwesten von Thüringen, der Rhön – sind ein strichweise dichtbewaldetes Mittelgebirge; mit Nußhügel, Laubhügel, Nassacher Höhe fünfhundert Meter hoch. Breit branden von der Rhön her das Grabfeld, das leichtwellige Hofheimer Becken gegen den aufklimmenden Hauptkamm, der blaugrün, fast gleich, wie ein Wall, sich am Himmel hinkrümmt. Ostwärts aber, zum Baunach-, zum Itzgrund, sinkt alles, mit Schwung oft, anmutig überraschend, in abflachenden Wogen – Waldbuckel, Ackerhochflächen, Wiesengründe, voller Schlehen-, Weißdornhecken, Wasserläufe, Mühlen – zum Main, wo vor hundert Jahren der Deutschen Lieblingsdichter einst, der Schwabe Victor von Scheffel, jauchzte:

Von Bamberg bis zum Grabfeldgau
Umrahmen Berg und Hügel
Die breite, stromdurchglänzte Au –
Ich wollt', mir wüchsen Flügel!

Als ich, Franke doch, jetzt erstmals vom kahlen Staffelberg sah, schaurig am Himmel bloß, als hätte es damit zu tun, ein Kreuz, war's spät für mich schon, spät auch im Jahr, kaum etwas Sonne noch, kalt ging der Wind, manchmal blinzelte der Main aus sich eindämmernder Flur, hinter der Höhenzug auf Höhenzug dunkelte – die Haßberge.

Niemand weiß, woher der – buchstäblich häßliche – Name stammt: von den Chatten, den Hassi, Hessen, der Hasel, der Fischart »Hasela«, dem Bach Nassach oder auch nur von der Hasenfurt am Main. Die Geologen zählen das Gebiet – wie jenseits des Flusses den Steigerwald, den es fortsetzt – zum Süddeutschen Schichtstufenland, zur Keuberstufe. Schnurkeramiker kamen, Streitaxtleute, Kelten, die Ringwälle ihrer Fliehburgen bei Römhild noch, Kleinbardorf, Hafenpreppach, wohl vordem auf der Schwedenschanze auch, dem Staffelberg. Markomannen, Mainsweben, Hermunduren. Um 200 Alemannen. Im fünften Jahrhundert Thüringer, im sechsten die sie schlimm schlagenden Franken, womit die »Verfrankung« des Mittel-, des Obermaingebiets beginnt. Auch Slawen, an die noch die Dörfer der Wenden erinnern: Geroldswind, Bischwind, Kurzewind, Voccawind, Windhausen. Sachsen auch, vom Frankenkönig Karl verschleppt; so daß zuletzt ein Gemisch aus Kelten, Germanen, Slawen in einer Gegend lebte, die seit etwa 750 Haßgau heißt.

Die Franken, die hier Königshöfe schufen – zum Grenzschutz im Osten und Ausgriff zugleich: noch heute ein hochbrisantes Spiel –, bildeten nur eine dünne Herrenschicht, die sich, während Hussiten, Kroaten einfielen, Schweden, Franzosen, stets auch selbst bekriegte: der Bamberger Bischof den Burggrafen von Nürnberg, die Würzburger Seelenhirten, fast drei Jahrhunderte, die Henneberger Grafen. Früh hatte die Abtei Fulda Dorf um Dorf sich hörig gemacht. Die Ritter errichteten Zwingburg neben Zwingburg: die von Bramberg, von Raueneck, die Stein, Fuchs, Zobel, Pöllnitz, Bibra, Hutten, Guttenberg, Truchseß, Rotenhan – es entstand der wohl buntscheckigste Herrschaftsflecken des Reiches. Oh, die beredten Epitaphe der Provinzelite in gewissen Kirchen, diese meist unbarmherzig brutalen Visagen, martialische Wegelagerer–, oft wahre Berufskillergesichter, so eisern wie ihre Rüstung.

1582 hatte Großmannsdorf sieben Schulzen für die Knechte der verschiedenen Oberhäupter. Anno 1620 gehörten sechsundzwanzig Kerbfelder dem Würzburger Bischof, drei dem Fuchs von Burgpreppach, zwei der Veste Königsberg, zwei den jungen Herren von Weimar, zwei dem Truchseß auf der Bettenburg, zwei dem Kloster Bildhausen, eins dem Zobel zu Friesenhausen, und über zwei regierten der Würzburger und die Ostheimer zusammen. Die Reformation brachte zusätzliche Wirren. Noch nach dem Zweiten Weltkrieg hatte Jeserndorf zweihundertzehn Einwohner und, aus sogenannten religiösen Gründen, zwei Schulen, zwei Pfarrer, zwei Bäcker, zwei Metzger, zwei Schmiede und so weiter. Was Wunder, wollte noch jetzt das katholische Happertshausen das »lutherische Wasser« Nassachs nicht trinken!

Länger als ein Jahrtausend behaupteten Adel und Klerus ihre Privilegien, herrschten sie durch Hoch- und Zentgerichte, durch Blutbann, Stock und Strang. Nicht zufällig versanken hier im Bauernkrieg so gut wie alle Schlösser – fast lauter Wasserburgen – in Schutt und Asche, erstanden aber desto prächtiger. Mindestens jedes zweite Dorf hatte sein Herrenhaus, wie beinah noch heute. Aus dem und jenem zwar wächst Wald. Von manchen, in Walchenfeld, Schweinshaupten, ist kein Stein mehr da. In Marbach, ein Unikum, prangt der letzte Rest feudaler Herrlichkeit, ein einsamer Pavillon des Rokoko, zwischen lauter Bauernhöfen und begreift die Welt nicht mehr. Das meiste aber hält sich noch, nicht ohne Blessuren oft. Fast wie ertappt taucht es zuweilen auf, als schäme es sich, so offen der eignen Vergangenheit nachzuhängen. Andres steckt zwischen Gerüsten oder steigt neu schon wie Phönix aus der Asche. »Nichts Besondres?« frage ich eine Frau vor einem alten Adelssitz. »Naaa, na neihhhnnn!« ruft sie entsetzt. »Nix weiter als die Wohnung.«

Nun ja. Auch ich habe meinen eignen Geschmack. Und mag Schloß Rentweinsdorf das schönste hier des Spätbarock sein – mir liegt dieser prätentiöse Dreiflügelbau, dessen Mezzanin zwischen Erdgeschoß und Beletage zeitweise ein ganzes Schock Domestiken barg, einfach zu proletenhaft laut an der Dorfstraße. Rückwärts, gewiß, wo das alles über eine breite, schön geschwungene Freitreppe sanft in weiten englischen Rasen zum Flüßchen und ins unverbaut Offene hinsinkt, nicht schlecht. Allemal wohler aber fühle ich mich in Stöckach, dessen Schloß freilich, wie manches, kaum den Namen verdient, doch still im Grünhügeligen vor sich hin sinniert, wiesenumrahmt, mit ruhenden Kühen, wie auf Bildern alter Niederländer.

Nicht weit davon schaut Birkenfeld hübsch vom Hang auf sein Schloß nebst Graf und Prinzessin hinunter. »Achgottnoja«, meint das einzig sichtbare Wesen da. »Es ist schööö. Außen nicht so wie innen.« – »Mal umgekehrt also.« Wir lachen beide. Doch so übel ist dies frühere Hutten-Domizil nicht –

ein Geschlecht nebenbei, das zwar dreiundzwanzig Bischöfe gezeugt hat, aber auch den Humanisten Ulrich von Hutten, den rastlosen Kämpfer und Vaganten, der wohl angab: »Nirgendwo freut es mich mehr zu leben als überall«, doch immer öfter Franken als seine Heimat rühmte. Mehrmals war er auf Schloß Birkenfeld (bei Vetter Bernhard).

Wie verwaist. Ein stattlicher Gartenhofkomplex. Im Westen, langgestreckt, die Wirtschaftshäuser, tiefe leichtbemooste schöne alte Dächer; fast zum Streicheln. Beidseits würdigere Flügelbauten. Im Osten der Haupttrakt, dreigeschossig, mit je sieben dominanten langen, eher schmalen Fenstern, sämtlich mit blassen grüngrauen Läden verschlossen. Zugegeben, etwas nüchtern, wie von Steingruber, dem Ansbacher Hofbaumeister, kaum anders zu erwarten; doch nicht ernüchternd, nein, wirklich nobel, auf sehr dezente Art, und fein verschlissen – ein sonderbar anrührender, stumm in sich hinein trauernder, immer aber vornehm abweisender Hochmut, eine im Untergang noch vom *noblesse oblige* umhauchte Welt, letztes Präsentieren eines Lebens, das es nicht mehr gibt. Unmittelbar im Rücken des »herrschaftlichen Pavillons«, ihm fast wie angeklebt, doch immerhin stilvoll, ein schmalbrüstiger Park, wo einst ein großer sich erhob, schlank aufgeschoßne alte Bäume nur, nichts sonst. Und drei Kilometer weiter – der Eiserne Vorhang.

Ja, die Parks der Haßbergschlösser – fehlen sie nicht ganz, kümmern sie gewöhnlich vor sich hin. Selten, daß einer so schlicht und anziehend zugleich ist wie in Friesenhausen, ein Park, der freilich gar nicht mehr zum Schloß gehört: nichts als eine flache weite Wiese, von mächtigen Baumreihen im Halbbogen umschweift. Eher typisch der von Wetzhausen; ein ziemlich hoher, leicht dornröschenhaft anmutender Renaissancebau, vierflügelig verträumt, etwas verhärmt auch, lind aus den Nähten platzend, mit kaputtem Schieferdach: kaum mehr als ein Dutzend Bäume, eine gewaltige Altfichte, ein riesiger, vielstämmiger, goldgelb überwogter Faulbaum und ein Weiherchen, über das zwei Stockenten streichen. Enten auch am andren Ufer. Dazu Schloß Craheim, wie verschimmelt am nahen Horizont. Nichts regt sich. Nur zwei Ziegenböcke kommen weißbebartet, mustern mich. Ab und zu plustert eine Ente sich auf, schlappert mit den Flügeln; die meisten aber sitzen einfach da, stumm, bewegungslos – fast wie das alte Schloß.

Einst gab es in den Haßbergen Edelleute, die sich allein im Haus fünfundsechzig Bedienstete hielten. Heute tut's häufig eine Zugehfrau, ein Faktotum aus der Nachbarschaft. »Wos wißdadenn weider machn, sochichimmä, nä. Und manchmol hob ich a Läckmichammarschgefühl, im Glardexd, wissensä, wos des häßd, und manchmol gfälld mäs a widdä ganz gud...« Man trifft bejahrte Baroninnen mitten im Küchenaufwasch, Barone schweißverschmiert beim Beladen eines Lieferwagens oder auf dem Bulldog; auch Büchsen einmal in einer Schloßkirche, die animieren, durch ein »Scherflein... das Gotteshaus würdig zu schmücken. Eins zu Null für den fröhlichen Spender.« (Der Empfänger verliert – eine adlige Rechnung.) Ein Freiherr residierte lang als Gastwirt auf seiner Burg; und von einem, dessen Behausung, Objekt von Doktorarbeiten, fast jede fränkische Kunstgeschichte zeigt, höre ich im Kramladen daneben: »Wenn den sixd, haddä immä ka Geld.« Das heißt: noch immer genug.

Viele Herrensitze freilich sind verpachtet, fungieren als Altersheim, »Waisenhaus Gottesgüte«, Heimstätte für Behinderte, Rehabilitationszentrum für Suchtkranke oder gehören ganz Kreisen, die es sich leisten können: Industrie, Kirchen, Sekten.

Nicht »Schlösser, Burgen und Ruinen« – so ein zum Glück erfolgloser Werbespruch – prägen natürlich die Haßberge, erst recht nicht die (selten erwähnten) sehr vielen Mühlen, sondern das Land und seine Abgeschiedenheit. Nichts Spektakuläres, nichts Bizarres auch, nichts, was hinreißt, aufregt: nein, etwas Undramatisch-Sanftes und Entspanntes: ein grünbraunhügeliges Auf und Ab, ein Sichwölben und -mulden, fortwogende Ebenen, Hochflächen, wie vorzeiten stehngelassen, ferne Täler, hauchig waldumwunden, Dächer wie Boote darin treibend; immer wieder fast aus Wolken fallende Äcker, Feldgehölze, und immer wieder die Einzelgänger auch, kleine Holztelegrafenstangen am Himmel.

Ich mag die Hochstraße Königsberg, Bühl, Köslau, Pettstadt: ein Teil des Rennwegs, der in einer Länge von sechzig Kilometern die Haßberge durchquert. Einst verband er wahrscheinlich deren südöstlichsten Punkt, die Pfalz Karls des sogenannten Großen, Hallstadt (bei Bamberg) – noch heute ist der Grundriß bis auf den Straßenverlauf wie damals –, mit dem karolingischen Königshof Salz bei Bad Neustadt und dem karolingischen Lieblingskloster Fulda.

Seit Monaten flammt der Himmel, als würde er nie wieder Wolken ansetzen.

Links der große Bramberger Wald, der sanfte Vulkankegel, kaum verwechselbar; seine Ruine von Buchen überwachsen, Eichen, baumverschlungen fast: ein Opfer des Bauernkriegs und schon einmal, Jahrhunderte früher, Friedrich Barbarossas. Unvergeßlich im Herbst, bei Nebel, wenn der traurige Rest da in herumnieselnden Schwaden hängt, viel älter dann, vergreister noch, aber schwebender auch, wirklich unwirklich. Kein Mensch, kein Laut, vom Novemberdunst verschluckt – und ausgespien, wie aus Traumgedanken kriechend, irr und schön. So nah, so greifbar und doch unfaßlich zugleich: die mächtig ohnmächtigen Quadern, die hohlen Fenster, das verronnene Leben... Verronnen? Oder voraus nur? Ach, atemlos alles, gespenstisch, wie auf Geisterhänden.

Rechts Königsberger Wald, Sächsischer Wald, Windberger Forst. Seitenwege locken, Namen: die Dornbuschberge, der Schneckengrund, Schafgrund, das Steinerne Kreuz, der Roßberg, Weißfichtenkopf, Stockbrunnen, Finsterbach, die Rote Marter, der Feuerrangen, Rosengarten. Manchmal biegt sich, schleienbauchfarben, ein Buchenleib in den Weg. Blauschattiges, lichtdurchspritzt. Dann wieder schwingt's, vom heißen Sommer ausgedörrt, bescheiden in die Weite, heben Felder sich wie Flügel, Mischwaldsäume, kaum eingefärbt erst, wie entzündet schon, dunkel Fichtenzapfenüberregnetes, eine Pappel, toskanisch einsam am Hügelrand.

Zuweilen ein Dorf, enggedrängt, weinlaubumgilbt. Ein Scheunendach hinterm Rain, wie ein geborstener Schiffskiel. Ein Kapellchen, das aus sich selbst herauszufallen scheint. Schön liegt Bühl, das heißt: der Hügel. Ein paar Dächer auf einem Bergrücken, kaum aus den Obstbäumen spitzend, eine mächtige Linde, nirgends ein Mensch. Bloß Sonne macht die Fluren an, Waldränder umsteigen mich mit flaumigen Schatten, Kiefern wie große Parasole am Horizont. Einmal, über gründünner Saat, weit drüben, lang und schmal, die Höhen des Steigerwalds, verdampft fast, kaum zu ahnen. Dann nah, in sanfter Senke, im Gegenlicht, Köslau – ein fremdländisches Wort, wahrscheinlich slawisch: *kozilu*, Ziegenbock.

Ja – Bühl liegt schön; Köslau ist es. Nicht so preisgekrönt herausgeputzt wie, noch nahe Königsberg, das wappenprunkende Unfinden mit seiner renommistischen Fachwerkparade, dem idyllischen

Triumphzug der Toreinfahrten, ein Dorf, dessen Name ja schon fasziniert: Ernst Kreuder, mein Feund, flüsterte ihn beinah beim Ortsschild – dann stand Unfinden in seinem nächsten Roman. Nein, nur ein ganz unverfälschtes, wohltuendes Bauernnest ist Köslau; ursprünglich und still. Keine Seele wieder. Blumen bloß, Holunderbüsche, das Aufrauschen eines Taubenschwarms, das Geflirr der Flügel. Jedes Gehöft sein Dickschädel für sich; doch alles eine Einheit. Viel Balkenwerk und Verschrumpeltes. Ein uralter Kellereingang, gewölbt unter rissiger Hauswand, tiefbaumschattenverschluckt, grell lichtumloht. Ein kleines Kriegerdenkmal; protestantisch knapp: »Weltkrieg 1914–18, 1939–1945«, die Namen der Ermordeten. Darüber dickbauchig der Schieferturm des Kirchleins – wie ein riesiges Schwalbennest im Himmel.

Der Köslauer Grund. Stoppeln, bärtiger Mais, vogelschrapnellüberschwirrt. Dann schon Pettstadts vergammeltes Gemäuer, auch in der grüntintigen Nachmittagsbrühe des Teichs, anrührende Birkenleiber, Wäsche. Dreimal soll Pettstadt mit einem Guttenberg, der viermal die Gattin gewechselt und mit jeder Gattin den Glauben, konvertiert, dann evangelisch geblieben sein.

Scharf südwärts: die »Heiligen Länder« – sprichwörtlich entlegen, arm. Von Bergrücken, Hochtälern in enge Wiesengründe. Längenbach, Neubrunner Bach, Kulmbach und der sie alle entführende, vom Bischofsheimer Forst flankierte Ebelsbach: ein langes bilderbuchreifes Tal, das ich zuletzt bei aufkommendem Nebel durchfuhr, vorbei an Klaubmühle, Paßmühle, Schönbachsmühle, Finkenmühle, bis ich, eben rechtzeitig vor dem Ort Ebelsbach – immer krebsiger den Mainhang befallend, alleeabgesäbelt und autobahnversaut – wieder nach Norden drehte: Laub, gobelinhaft im Nachmittagsschein, Fichten, dämmerfahl schon, hinsiechend im Dunst. Die Lauter manchmal, viel Dunkles auf dem alten Rücken. Förstersgrund, Hasenmühle, Doktorshof, Jungfernkreuz. Der Lußberg, der Veitenstein, sagenumzüngelt, die Höhle; ein Donarheiligtum vermutlich, eingemeißelte Beschwörungen: Pferde- und Bockshufabdrücke, »Nazarenus Jesus«, Drudenfüße, Widerkreuze. Auf kahlem Ackerriedel stiefeln die kleinen Holztelegrafenstangen plötzlich ins Nichts, Bäume wie in letzten Zügen, fort...

Unter allen Haßbergstädtchen ist Königsberg Königin. Stupend zumal der zur früheren Reichsveste führende, nur so fachwerkumregnete Salzmarkt, wo der Handel mit Salzunger Salz Königsbergs einstigen Reichtum begründet, wo sein größter Sohn 1436 das Zwielicht dieser Welt erblickt: Johannes Müller, Joann de Monte Regio, Regiomontanus, Mathematiker und Astronom, kein Scholastiker mehr, noch nicht Humanist, dessen Sterntafeln Kolumbus, Vasco da Gama, Amerigo Vespucci begleiteten, dessen Büste in der Walhalla, dessen Name durch Benennung eines Mondkraters nach ihm am Himmel steht, während der Müllerssohn selbst, widerwillig dem Ruf des Papstes folgend, vierzigjährig mysteriös in Rom umkam.

Harmonisch wie der etwas abschüssige Salzmarkt, nur intimer noch, gleich der Marktplatz davor, mit baumüberdachtem Regiomontanus-Brunnen – am traulichsten, wenn das alles septembermild rundum in den Nachmittag döst, recht selbstvergessen dasteht und wartet, weiß der große Sterngucker worauf, kaum ein Mensch kommt, ein gelbes Blatt bloß ins Brunnenplätschern taucht, ein gelber Taubenschnabel, und bereits gegen Abend aus dem »Goldenen Stern«, dem jahrhundertealten, der Wirt gar argwöhnisch das Plätzchen bespäht, sich pfiffig entschließend, für heute doch besser zu schließen, sein Paradies mal wieder lieber allein zu genießen; eine Eigenheit so mancher Herbergsväter dieser Gegend.

Königsberg, das etwa sechzigmal im Lauf der Zeiten den Besitzer wechselte, das verpfändet, geraubt, vererbt, als Morgengabe erworben wurde, das schon die Herzöge Merans und Pommerns, die Grafen von Henneberg, die Nürnberger Burggrafen nebst jeder Menge sächsischer Fürsten über sich sah, wie es denn fast durch die ganze letzte Jahrtausendhälfte sächsisch-thüringische Exklave war, Königsberg, dessen Altstadt unter Denkmalschutz steht, ist reizvoll auch an seinen Stadttoren, dem Schnecken-, dem Unfindener Tor, im Schwippbogengäßchen, in manch anderem Winkel. Und selbst ein verwöhnter junger Kollege aus dem Rheinischen, dem in der nahen Kreisstadt kein Bett recht, keine Kneipe passend, dem einfach alles dort zuwider war, atmete auf vor dem gastlichen »Goldenen Stern« und umarmte Königsberg auf dem Marktplatz symbolisch.

Entzückend gewiß auch der Fachwerk-Marktplatz Stadtlauringens oder, mehr noch, der Zeils, das zudem bezaubert. Doch in Stadtlauringen sitzt die klotzige Kirche wie die Faust auf dem Auge; und in Zeil zerreißt der Durchgangsverkehr jede Stimmung. Dagegen ruht hier, seit der Schwede ihm den Garaus machte, der analoge Errungenschaften schon des zwanzigsten Jahrhunderts vorwegnehmende Verbrennungsofen für Hexen; auf Befehl des Bamberger Bischofs, kurz vor dem Geburtsfest des Herrn, am 16. Dezember 1627, aus purer Sparsamkeit errichtet: »weilen vor diesem zuviel Holz draufgegangen«. Fast kein Haus soll verschont, oft Familie um Familie nach Anwendung von Daumenstock, Beinschrauben und anderen Erlösungsmitteln bis auf die Kinder ausgerottet worden sein. War doch, so die Zeiler Chronik, »bei vielen, die über die unseligen Opfer zu Gericht saßen, unter dem edlen Ziel, Gottes Ehre gegen satanische Macht zu verteidigen, gemeines Gewinnstreben mit im Spiele...« Am meisten, unbestreitbar, bei Bambergs Oberhirten selbst, den deshalb Kaiser Ferdinand II. warnte: »Was aber die höchst schmutzige Konfiskation anbelangt, können Wir diese Dero Andacht durchaus nicht und unter keinerlei Vorwand mehr gestatten.«

Auch Ebern – sprich: áwärn – ist ansehnlich. Einst sah es Friedrich Rückerts Vater als Finanzamtsvorstand, während der Filius sich hier erstmals unsterblich in die Rentweinsdorfer Agnes Müller, »die Schönste aller Schönen«, verknallte; deren schnellen Tod er freilich, kaum minder flink, durch die (immerhin vierzig) Sonette »Agnes' Totenfeier« (1812) überwand sowie durch die neue Passion zum Wirtstöchterlein der historischen »Specke«, das ihn schließlich aber verschmähte.

Und selber, ach, vergaß ich hier indessen,
Was ich unmöglich einst geachtet habe,
Daß andres je als Gram um dich mich labe,
Vergaß den Gram, von toter Lust besessen.

So, in einer der noch gelungensten Strophen, im einundvierzigsten Sonett, »Nach vier Jahren, in der Fremde«, der Haßbergpoet, der selbst einmal seiner Sammlung *Deutsche Gedichte* das Pseudonym »Freimund Reimer« gab (was Abraham Voß dann schamhaft in »Freimund Reimar« abgeändert hat). Ja, auch Awärn, wo am 21. August 1820 sogar der große Platen den Kollegen Reimlust aufgesucht, ist hübsch, doch heute Garnison und im wesentlichen kaum mehr als die behäbig-breite, unbezweifelbar schmucke Hauptstraße, kurz, man sucht hier bald das Weite wieder.

Etwa Seßlach, das Nachbarstädtchen an der Rodach, am Nordostrand der Haßberge. Und Seßlach ist sicher nicht bloß die Hauptstraße – beiseite einmal, daß es in der Elfhundert-»Seelen«-Stadt nicht viel mehr gibt–, sondern Seßlach ist wirklich, mehr selbst als Königsberg, das Ganze, ob es nun Ober-, Rosen- oder Froschviertel heißt. Vom Marktplatz aus, wo am heiligen Pfingstfest 1525 Würzburgs Bischof fünf Bauernführerköpfe rollen ließ – wie überall im Bistum: in Ebern elf, in Stadtlauringen zwölf–, vom Kern bis zur Mauer ringsum samt runden Türmen und viereckigen und spitzbogigen Toren, dem Hattersdorfer, Rothenberger, Geyersberger Tor, eine steingewordene Einheit, in der man sich manchmal darüber wundert, daß nicht mehr der Nachtwächter ruft, den etliche Alte noch gekannt haben sollen. Mag Königsberg gefälliger sein, lieber komme ich fast ins herbere Seßlach, vor dessen Toren auch keine Industrie stört, wo, beiläufig, auch weder die Pest Einzug hielt noch, eine Seltenheit in Franken, je der Hexenwahn.

»Was der Urahn gebaut, hier wird's noch geschaut«, sagt mit Recht das schon anno 800 bezeugte »sezzelaha« von sich, der »Sitz am Wasser«, von einem Enkel Karls, des heiligen Sachsenschlächters, dem Kloster Fulda vermacht, unter Kaiser Heinrich II., dem gleichfalls heiligen Berserker, schon Würzburger Besitz und in der dauernden Fehde der beiden fränkischen Prälaten mit Herzog Otto von Meran und Plassenburg 1244 gänzlich zerstört. In jahrzehntelanger Fron wieder aufgebaut, litt Seßlach fortgesetzt unter geistlichem Regiment und gelangte nach wiederholten Aufständen, Schlachten samt seiner Geyersburg darüber (ein recht anziehend stilles Gasthaus heute) schließlich an die Herren von Lichtenstein.

Nur wenige Dörfer und Schlösser weiter auf einem Waldhöhenzug liegend, umfaßte Lichtenstein wohl drei Ansitze eng beieinander. Auf dem mutmaßlichen Standort der einen Burg steht die kleine lutherische Kirche, die Nordburg ist seit dem Bauernkrieg geschleift, die ansprechend schlichte Südburg aus dem sechzehnten Säkulum noch bewohnt: Schiefer, Fachwerk, verwinkeltes Gemäuer, das die Augen liebkosen. Der Rest: ein romantischer Trümmerhaufen; ein gut begehbares wildes Ineinander von Naturfels und behaunem Stein, hangabwärts vom schönen Laubwald wie aufgefangen. Teile der Ringmauer, des Wehrgangs, ein Rundturm, zwei Bergfriede, aus dem dreizehnten, dem vierzehnten Jahrhundert, irgendwo ein Walfischfelsen, eine Teufelsfratze – man vermutet frühgeschichtlichen Kult.

Doch attraktiver, vermute ich, ist für die meisten der wenigen Besucher Lichtensteins seine – gleichfalls denkmalgeschützte, von einem Münchner Opernsänger und Sohn des Umlands geleitete – Burggaststätte daneben. Man sitzt, baumüberwölbt, die versteinte Vergangenheit vor Augen, am schönsten im Freien, am gemütlichsten im Bauernstübchen und, feiner fast als man es da für möglich hält – wo man noch jüngst gepriesene historische Lokale, in Trappstadt oder nahe Schloß Eyrichshof die »Specke«, sorgfältig unter Putz versteckt beziehungsweise beseitigt hat –, im »Rittersaal« mit offenem Kamin, ehemals der Stall. Am wohligsten aber schläft man und beschläft so manches in einem Kleinod darüber, das hier Geheimnummer bleibt. Das Dörfchen selbst, dessen Dächer, naht man von Westen, schon fernhin zwischen den Höhenwaldwipfeln locken, ist anheimelnd: Ruhe, baumige Verkuscheltheit – und Weite ringsum. Da ließe sich's leben.

Noch drei weitere Ruinen kümmern hier über dem Baunachtal, das einst mit Burgen förmlich gespickt war.

Schon 1323, bei einer Fehde mit dem Würzburger Bischof Wolfram von Grumbach, fiel der Stammsitz der Rotenhan, seither nie wieder aufgebaut. Der letzte Rest, buchstäblich zu Boden gegangen, dunkelt mich gleich neben der Straße unter dem Laubdach wie ein einziges grünummoostes Felsmärchen an. Und einen Augenblick seh ich unten in Eyrichshof, in dem ansehnlichen englischen Park, das schöne Rotenhan-Schloß – Renaissance, ein Hauch zu düster vielleicht, wie aus einem Shakespearestück – einmal schon genauso ruiniert wie hier die Stammburg.

Oder wie Raueneck jenseits des Flüßchens, auf der Haube, mitten im Wald und kaum weniger von ihm verschlungen; doch nicht so ganz am Boden bereits. Ein runder Turmstummel noch, eine Pforte irgendwo, ein kleines Gewölbe von Sonne ausgeleuchtet, eine aufragende Wand, drei, vier Fenster darin, voller Laub, ein bißchen Licht. Gegen das Tal hin hängt das alles wie ein totes Vogelnest. »Ist sie schön?« hatte ich im Dorf gefragt. »Halt a Ruina«, hieß es. Doch einmal muß der Ausblick phantastisch gewesen sein; ich ahn' es noch vom tiefren Waldsaum aus.

Frei, fast italienisch, steilt, wieder auf der andren Baunachseite, das Dorf Altenstein auf; durch ein halbes Jahrtausend Sitz derer von Stein, diesen freilich schon 1254 durch Bischof Iring von Rheinstein gar priesterlich entwunden. Nach einem Feldzug, Friedensschluß und Festmahl, so die Tradition, ließ Würzburgs Oberhirte die zwölf Brüder einzeln zu sich rufen und einen nach dem andern niedermachen. Ein dreizehnter Bruder, ein Johanniterritter, wurde später vom Hochstift mit der Burg »belehnt«. Beim Bauernaufstand verwüstet sowie im Dreißigjährigen Krieg, erstand die einst gewaltige Veste zwar wieder, doch zeigt sie längst bloß ein paar

Fensterhöhlen noch mit ewig gähnendem Himmel darin. Der Fernblick rundum, über Weisach- und Baunachtal, die Haßberge – deren Hauptfluß die Baunach ist, die »Bunaha«, älter als der Main –, der Blick zur Rhön, zum Thüringerwald, wird gelobt, vielleicht über Gebühr; doch steh ich gern auf den umgrünten Trümmern dort.

Kaum fünf Kilometer nördlich – der Eiserne Vorhang. Nur tausend Meter davor Dürrenried und Gleismuthausen; wenige hundert Meter dahinter Poppenhausen und Käßlitz. Die Flurnamen: Eulenholz, Wachtelrangen hier; Landwehr, Gänserangen dort. Mühlgraben und Häfnergraben passieren unbehindert die Minen. Beäugt bloß von mißtrauisch grinsenden Grenzschutzstreifen und unsichtbaren Vopofernrohren, steht man fast immer mutterseelenallein am Pfahl der Nationen. Kaum je erblickt man jemand drüben im Dorf. Ein Potemkinsches Dorf etwa? Manchmal bellt in der unglaublichen Stille ein Hund. Gebannt, wie angewurzelt fast, steh ich da, starre nur, lausche, geh ein bißchen, betrachte den Todesstreifen, den Wachturm links, einen Erdbunker rechts, das sich sanft wellende Feld, kein Vogelruf, kein Vogelflug, einsam alles, ungeheuer einsam, in einer atemlosen Voralarmstille.

Lauter »hausen«-Orte säumen die Grenze: Autenhausen, Eckartshausen, Allertshausen, Ermershausen, Schwanhausen hier, drüben Volkmannshausen, Schweikershausen, Albingshausen, Gompertshausen, Leitenhausen, Orte, einst aus einem (adeligen) »hus« entstanden und um den Siedlungskern aus karolingischer Zeit, die thüringische Heldburg, konzentriert – »abseits von Verkehrslinien«, las ich irgendwo, »jedoch im ausbaufähigen Land«. Jawohl. In einer Gegend, deren Dörfer seit dem Mittelalter um ein Viertel zurückgegangen sind, die ausstirbt heute – und vielleicht nicht nur sie.

Wir stehen nun im Nordzipfel der Haßberge, wo bei Albsleben, unmittelbar an der Grenze, die Fränkische Saale entspringt, mit einhundertdreißig Kilometern bis zu ihrer Mündung im Main der längste Fluß des Gebietes. Nicht weit davon schwebt kühn und imponierend schön an einem auslaufenden Kamm über den Getreidefeldern des Grabfelds Schloß Sternberg, ein mächtiger Barockbau – seine vier zwiebelhaubigen Ecktürme, zwölf Kamine, zweiundfünfzig Türen und dreihundertfünfundsechzig Fenster symbolisieren den Jahreszeitlauf.

Schloß Sternberg gehört heute einer Sekte, dem Menschenfreundlichen Werk. Eine leitende Dame bietet mir erst einen »wunderbar kleinen Band« an: *Die Göttliche Offenbarung,* dann einen »wahren kleinen Schatz«: *Das Ewige Leben;* darauf: *Die Botschaft an die Menschheit,* die nicht weniger als »die ganze Zukunft beschreibt« – und alles zum Selbstkostenpreis, nicht billig trotzdem; zuletzt etwas in sieben Sprachen Erscheinendes »gerne unentgeltlich«. Doch ich bin hier auf was ganz anderes aus; und da seh ich denn wieder mal, wie die Arbeit im Weinberg des Herrn sich lohnt; alles solid und nagelneu; aber alles etwas miefig auch. Und während ich manchmal sehnsüchtig durch eines der dreihundertfünfundsechzig Fenster auf ein baumvergrabnes Wasser unten gucke, »schön, schön« murmle, höre ich immer wieder: »Das machen alles unsre Mitarbeiter.« Tapeten, die ausladend üppigen Waschbecken, das neue, tipptopp verfugte Parkett: »Das machen alles unsre Mitarbeiter. Unsre Mitarbeiter können alles. Jeder kommt, um zu dienen.«

»Und wer nicht mehr – dienen kann?«

»Die können alle«, sagt die Dame. »Die brauchen aber nicht. Das sind lauter freiwillige Dienste. Schauen Sie, wir haben eine Vierundachtzigjährige, die bäckt uns das Brot ...«

»Und wenn sie krank ist? Nicht mehr kann?«

»Schauen Sie«, sagt die Dame, »wir haben hier einen Herrn – bei seiner Geburt sagte der Doktor: Das Kind wird kein halbes Jahr alt... Nun ist er über neunzig. Und der arbeitet vom 1. Januar bis zum 31. Dezember.«

»Und wie lang am Tag?«

»Die arbeiten von früh bis spät. Die stehen morgens...«, die Dame unterbricht sich. »Um halb sieben haben wir erst Morgentau...«

»Eine – Andacht?«

»Das ist ein Tauuuuhhh«, sagt die Dame. »Wie der Tau die Gräser und Wiesen bewegt und stärkt, so bekommen die auch einen Tau...«

Und während es mir noch im Ohr nachklingt: Schön, schön; das machen alles unsre Mitarbeiter; aber Sie kommen ja wieder, Sie kommen doch wieder?!, habe ich das Menschenfreundliche Werk, Schloß Sternberg, auch als »Gralsburg des Grabfelds« besungen, bereits hinter mir und spüle erst einmal alles, einen Kilometer weiter, in Zimmerau, mit einem Pils hinunter.

Der Berggasthof, neu, ein langer Schlauch, doch mit prächtiger Fernsicht, ist bekannt durch den die ganze Gegend verschandelnden »Bayernturm« daneben, aber auch durch seine »Jodlerwirtin«, zuletzt in »Jetzt sing i« aufgetreten. »Der Heck macht des immer«, erzählt sie. »Ich sing scho dreißig Jahr umsonsd für die Leud. Ich schdamm aus Bad Brückenau. Hab immer die Küh müß hüd, und da hab ich des Jodln gelernd. Aber – wenn ma so manchmal siehd: Da wächsd wos auf, is halber so ald, vierdl wie unereins, dann hälds die Nase zu, also bei uns häßd des und gnengd äweng und gewinnd den Grand Prix. Des muß doch alles mit a Schmiere gehn. Denn wenns der Schdimm und dem Können nachging, wärn beschdimmd ganz annere hochkomma...«

Ich dachte daran, während ich die zirka hundertachtzig Stufen des aufwendigen Scheusals hochstieg, dachte an das Menschenfreundliche Werk, an die Vopofernrohre, all die Ruinen und Schlösser ringsum, an den Zeiler Verbrennungsofen, das lutherische Wasser Nassachs, dachte an Hutten, Regiomontanus, den heiligen Veit von Staffelstein und die Streitaxtleute, bis mir oben die achteckige Plattform mit ihren achtundvierzig Fenstern wieder dasselbe Grauen einjagt wie direkt darunter die ausgezeichnet dazu passende neue Wohn- und Feriensiedlung. Ich bin – zum drittenmal – allein auf dem »Touristenmagneten«, einem typischen Demonstrationsobjekt an der »Zonengrenze«, kreise mehrmals in dem kalten Ungeheuer, wo mein Sohn einmal im Winter, als der Sturm unten ein Fenster des gesperrten Turms eingedrückt hatte, oben eine Eule, einen hübschen hellen Waldkauz, der unaufhörlich gegen die Scheiben flatterte, einfing und vorm Verhungern rettete. Kaum werde ich das furchtlose kluge, fast menschlich blickende Gesicht des Vogels vergessen und unser Glück, ihn dann tiefunten über das Schneefeld fliegen und im Wald verschwinden zu sehn. – Doch obwohl die Sonne nun versinkt, reißt mich das nicht hin. Man ist zu distanziert von der Landschaft, technisch zu herausgehoben, gestört. Weit im Süden der abfallende Zabelstein; nordwärts, viel näher, »drüben« schon, die wuchtigen Gleichberge und, ganz nah, der Todesstreifen. »Der Zaun«, sagte unten die Wirtin, als spräche sie von Nachbars Garten. »Da, der graue Strich ... Thüringerland ...« Keine Menschenseele. Totenstill alles. Nur der Wind saust.

Gleich darauf verlasse ich Zimmerau, immer gegen das Lohen und Leuchten – kleine Telegrafenmasten am gelben Horizont, einzelne Bäume. Einmal streicht, dunkel und erdnah, ein Flug Rebhühner über das Sträßchen. Plötzlich Wasser, ein Weiher, hell, fast schneidend voller Abendlicht, dazu, unglaublich schön, ein samtschwarzes Dach darin und über dem fast weiß aufglänzenden Teich jetzt Pappeln am Himmel.

Zur Nacht schon falle ich in einem weiteren Schloß ein. Der Herr des Hauses steht zufällig davor, streift im dunklen, etwas melancholischen Garten die edlen Ahnen. »... mit der fränkischen Geschichte«, werfe ich, dezent wie immer, ein, »ja unheilvoll verflochten.«

»Unheilvoll?« fragt er rasch. »Kann ich nicht finden... Beim Bauernkrieg?«

Seine Hauptursache? Welche Frage! Die himmelschreiende Ausbeutung der Bauern natürlich, was sonst! Doch der Baron nennt das unwahr. »Das ist *un*waaahhr«, wiederholt er leise, aber nachdrücklich, fordert mich auf, erstens diese Bemerkung zu belegen, zweitens seine Familie nicht mit der andern gleichen Namens zu verwechseln, »dem Niederschläger«.

»Es ging den Bauern in ganz Europa dreckig«, sage ich.

»Ja, unbestritten«, pflichtet er bei. »Es geht ihnen heute noch schlecht. Ich bin selber Bauer.«

»Ein Bauer mit Schloß«, sage ich. »Mit mehreren Schlössern.«

Und er, sehr leis, als könnte das Dorf uns belauschen: »Ja, stellen Sie sich vor: Im Landkreis Haßberge wurde nur ein einziges Schloß nicht angetastet!«

»Eben!« rufe ich. »Doch was meinen Sie damit?«

»Ich meine damit, wie *grausam* die Rache für *scheinbare* Unbill war, denn es ging ihnen so schlecht wie allen andern...«

Fährt man von Zimmerau, der Ostgrenze der Haßberge, an ihre Westgrenze, kommt man, bei Bad Königshofen, lange Festung, heute Heilbad, nach Kleinbardorf, wo ich auf fast unscheinbare Art mehr beeindruckt wurde als hier irgendwo. Weder durch Kleinbardorf selbst, noch durch sein bezaubernd schlichtes Wasserschlößchen, das mir der Besitzer, ein Berliner Gehirnchirurg, zeigte, indes vom Teich herauf, über den man geruhsam durch Bäume ins still offne Land sieht, unentwegt, lauter, schwächer, lauter, das Schnattern einer Wildente kam. Ich vermißte die Schwäne. »Nee. Nich mehr«, sagte mein Gastgeber. »Aber ick hab mich jeärgert. Ich dachte, ich brauch 'n Schwan und 'ne Schwanenfrau. Wir hatten zwei Männer und keine Frau. Da sagt der Verkäufer: ›Sie können 'n Pärchen haben, das kostet hundertfünf Mark. Sie können natürlich auch ein Weibchen haben, das kostet hundert Mark.‹ Ich sagte: ›Was, kostet das Männchen bloß fünf Mark?‹ Sagt er: ›Ja.‹ Also, da war ich empört. ›Schon was von Gleichberechtigung gehört?‹, sag ich. Aber Sie sehn« – er lacht sehr –, »was dabei rauskommt.«

Was mich in dieser Gegend mit dem uralt-geheimnisvollen Namen »Grabfeld« so anrührt, liegt auf dem äußersten nordöstlichen Punkt des Haßbergkamms. Wieder kein Mensch unterwegs; und oben, auf dem nach drei Seiten aufsteilenden Sporn, einer der größten vorgeschichtlichen Wehranlagen Bayerns, geht der einzige außer mir, ein freundlichernster Mann, der da im Auftrag der israelitischen Kultusgemeinde München den Friedhof betreut, mit seinem Fahrrad gerade fort. Aus siebzehn Gemeinden, bis zur Rhön und nach Thüringen hinein, ruhen hier vom späten sechzehnten Jahrhundert an ungezählte Juden. Viertausendvierhundert Grabsteine. Fünftausendfünfhundert, höre ich, noch in der Vorkriegszeit. Und noch 1968 wurden Dutzende gestürzt. »Aus München«, sagt der Mann mit dem Rad – hinter sich, leicht aufsteigend, seine Steine wie eine Heerschar –, »kommt der Doktor Schwarz noch; schon achtundsiebzig. Es wird auch bald nemmer gahn.«

Er verläßt mich. Ich geh allein, am niedrigschmalen »Waschhaus« vorbei, an den Grabmälern hin, die größten kaum mannshoch, die Mehrzahl wie kleine Marksteine, einer neben dem andern, halbüberwachsen manche, beinah versinkend schon, schief, ab und zu ein Waldstrauch im Weglosen, altgrauer Ginster. Wie schön, wenn er blüht hier, in den Nachmittag seine Goldarme streckt, hin und wieder flammt's lila dann dazwischen, blau. Jetzt war geheut da und dort. Zuweilen schienen die Steine sich im Wald zu verlaufen. Einzelgänger; gelassen das Reglement mißachtend, das sonst solche Orte prägt, arg steif stets, fast soldatisch ... Da aber bald nirgends ein Name mehr, Spruch. Die einzige Spur von Wahrheit auf einem Grabstein ist die Verwitterung. Grabsteine? Friedhof? Dieser Aufmarsch auf dem Kleinbardorfer Judenhügel? Außer Ordnung zwar etwas, sonderbar hilflos, gesichtslos, vergessend, vergessen, und doch erhaben zugleich, im Hingang wie vieles überstehend noch – ganze Reiche dieser Welt ...

Die Schatten länger, die Toten unter mir, und über den Hügeln drüben das auch nicht ewige Gestirn. Wie sagte der Gehirnchirurg? »Da kommen Sie auf andere Gedanken ...« Vorn enziffre ich noch: Götz Ullmann, Massbach. Rabbiner. Lehrer ... Guda Franken ... Geboren im Januar ... Gestorben ... Unser lb. Vater Franz Selig Stern. Privatier aus Nürnberg. Geb. am 2. Teweth 1838 zu Wilmars. Gest. 28. Mai 1917 zu Königshofen im Grabfeld ...

Im Grabfeld.

Das Bergholz wieder. Unten schattendunkel die

Gegenwelt, verdunstet fast, in sich selbst kriechend, die Höhenketten eine einzige große sanfte Schwinge darum, etwas rostig vom alten Abendsonnenrad überrollt.

Zurück zum Main. Nach dem Süden, Osten, Norden der Westen jetzt – breit tellernde Ebenen, oft Haufendörfer, Dreiseithöfe, Toranlagen, im Sommer ein warmhinwogendes Getreideland, so anders als der waldkühl aufragende Gebirgsstock oder das anmutig abflachende Hügelmosaik dahinter. Ein offenes Sichfortwiegen, voller Bildstöcke freilich auch, Bauernpatrone, nahezu zwei Dutzend, Spitzenheilige Sankt Georg und Sankt Wendelin, jede Menge Madonnen und Kreuzschlepper, wie im ganzen »rechtgläubigen« Franken. Schon Tacitus fand das Gebiet mehr als andre gesegnet und rühmte ihm, »außer dem Hange, alles mit Waffen auszutragen«, den »angestammten Aberglauben« nach, »daß diese Gegend dem Himmel besonders nahe sei und die Gebete der Sterblichen von den Göttern nirgends so nahe vernommen würden...«

Da ist Sulzfeld, das vor fünfzig Jahren in der Walpurgisnacht mit knallenden Peitschen noch jeder Hexe Beine machte. Oberlauringen, wo vom vierten bis zum vierzehnten Jahr Friedrich Rückert aufwuchs. Schloß Wetzhausen kommt, das verhärmte Dornröschen. Schloß Craheim, dem Anfang erst, man sieht es, dieses Säkulums entsprossen, vierflügelig, im schönsten Neobarock und, ebenso echt, »Lebenszentrum für die Einheit der Christen«, eine ökumenische Begegnungsstätte. *O tempora, o mores!* Nein, diese Stätten der »Begegnung«, der »Besinnung« überall im Land des Bauernkriegs, der Bauernpatrone, Bauernleger, Bauernfänger, der heiligen Madonnen, Drachentöter und Gekreuzigten. Ja, wer begegnet denn, besinnt sich da? Daß Gott erbarm'!

Schloß Birnfeld. Einst Jagd- und Sommersitz von Würzburgs Seelenhirten, die hier wohl glücklicher zu sein vermochten als die unglücklichen Greise, die ich da traf. Happertshausen, der älteste bezeugte Haßbergort, schon unter Merowingermonstrum Chlodwig eine Militärstation. Schloß Friesenhausen. Schloß Eichelsdorf. Ach, wie anders die Kirchtürme steigen, wenn der Abend sie faßt, nahende Nacht umschlingt, wenn jäh sie in gelbhelle Himmel springen, ganze Pappelzeilen der Dunst aushaucht. Unvergeßlich der Junkersdorfer Turm, leicht schief zum Herrn emporgespitzt, während sanft die Mondnacht ihn umteicht und über der Kirche – Tilly ließ 1632 ihren Pfarrer füsilieren – und über dem Dorf das Türmlein ganz in Trance erstarrt. (Stets erinnert mich dies – vielleicht eine Kirchenburg mal, wovon es manche hier gibt – an eine wachsame Glucke im Nest.) – Und ostwärts immer die Kammhöhen im Dämmrungsweben, treiben her, treiben hin, kommen wieder, weich, wattiert, wie Wolken.

Was die Haßberge vom benachbarten, verwandten, doch waldreicheren Steigerwald am meisten unterscheidet, ist ihre Offenheit. Selbst über großen Forsten geben freie Kuppen und Hochplateaus immer wieder Blickfeld. Aussichtstürme sind darum nicht nötig, auch selten. Schwer verständlich gleichwohl, warum der schönste, auf der Schwedenschanze, kaum geöffnet ist. Nicht jeder macht schließlich sechs Anläufe wie ich, bis er endlich oben steht – jedesmal lesend: »Besteigen des Turms auf eigene Gefahr.«

Nach dem Wunder der Türöffnung seh ich zuerst, von dunklen Bussardschleifen überdreht, das Hofheimer Becken im Süden, im Gegensonnenlicht, milchig rauchend, unter einem diesig gelblichgrauen Himmel, mit dem die fernsten Bergrücken entschwimmen. Das Schloßdach von Friesenhausen schimmert her, das Eichelsdorfer Schloß. Darüber, im Knick des Haßbergkamms, doch noch beträchtlich unter mir, die Bettenburg, nur das Schieferdach im Wald. Dort schuf Christian Truchseß, »der letzte Ritter Frankens«, von Goethe etwas schulterklopfend »alter Freund« genannt, seinen Landschaftspark, die Gedenksteine für Hutten noch darin, für Sickingen, den Berlichingen, lauter Rebellen. Auch tagte hier die Bettenburger Tafelrunde – nichts Spektakuläres freilich mehr, Jean Paul beiseite; Heinrich Voß etwa, Gustav Schwab, de la Motte Fouqué, Friedrich Rückert, der da im Dichterhäuschen saß und sang: »... ich schaue wieder in die nahen Wipfel / und freue mich und fühle, daß ich bin.«

Dahinter, nach Osten, laufen die Höhenrücken waldig ineinander, huckelt es sich hin, kleiner, größer, in ganzen Ketten. Ist dort nicht Altenstein? Lichtenstein? Fern, schon gegen Norden, der Schandpilz von Zimmerau jedenfalls. Daneben das viertürmige Sternberger Schloß. Viel näher Schloß Bundorf. Und zwischen diesen beiden, aber unsichtbar, wie in Deckung gegangen, unter all den Dutzenden von Haßbergschlössern mit Abstand das tollste: seltsam »geschichtslos«, eigentlich kein Schloß, sondern eine Burg, eigentlich keine Burg, sondern eine Art Edelräuberhöhle wie aus einem Alptraum: Wasserschloß Brennhausen. Oh, *nomen* ... (wie immer man das mit Roden erklärt). Endlich einmal, endlich nichts drum herum, feldhölzchen- und flurumstellt nur, Wasser, ganz allein in flacher Abgeschiedenheit, fast selbst verschieden schon, sein eigner Geist. Endlich einmal keine Renaissance, kein Barock, kein Rokoko und Pokoko, nein, wenig Fenster bloß, schlitzaugenschmal und alle wie mit dem bösen Blick begnadet. Ja, nichts als ein schamlos nackthochragendes, steilgiebligspitz und aufregend knapp überdachtes, häßlichschönes und finsterverwegenes Gemäuer, an dem man das Blut – ich phantasiere; ohne Gewähr, die Wirklichkeit nicht doch zu treffen – der darin und darum herum Abgestochenen nur so herunterströmen zu sehn vermeint. Fast keine »Geschichte«. Nicht einmal die Sage wagte sich da ran. Doch die Baroneß, zufällig mal hier, sitzt ganz friedlich über einer Diplomarbeit: »Tanz in Franken«. Und: »Vater ist daheim«, das heißt: weit weg. Gehört das, seit ich's sah, meine Phantasie entzündende Ding, so teutonisch wie nur irgendwas, ja heute einem Yankee, selbstverständlich altfränkischer Abkunft.

Nach Westen – wir stehn noch auf der Schwedenschanze – wälzt sich der Haßbergkamm mit mächtiger Kiellinie hin. Irgendwo dahinter Kleinbardorf, sein Judenhügel, das Wasserschlößchen. Dort schaut Schloß Craheim her. Daneben Schloß Wetzhausen. Dann wieder Schloß Friesenhausen, Schloß Eichelsdorf, das Hofheimer Becken. Mittags lindgrün alles, gelbbraun, Oktobersaat, Ackerland, nur dann und wann in einer Erdfalte ein Dorf, winzige Fledhölzer und oben, fast frühlingshaft, der Himmel.

Immer wieder geh ich im Turm herum. Wohin ich auch schau, ich weiß nicht, wohin am liebsten. Ich schwanke, wandre weiter. Manchmal öffne ich ein Fenster, dann vier, eins in jeder Richtung, beuge mich hinaus. Manchmal lehne ich am Turm, spür ihn wanken, sehe ein, zwei Blätter schmetterlingsgleich über den Wipfeln. Die fast nahen Berge Thüringens verblühn so mild. Manchmal rollt der Wind wie ein Güterzug an, knallt der Turm dumpfe Bekkenschläge herauf, lauter, leiser. Draußen rauscht es in den Buchen wie Meer, dazu die Paukenschläge unten. Zuweilen wie ein Schritt, der naht. Einmal ein Bussard, ein großes Blatt im Licht, ganz langsam wider den Wind, dunkel, dunkel...

Gegen Abend, als unten der Wald aquariumhaft

beleuchtet vor dem Himmel glüht, zieht es mich noch einmal hinauf.

Ich bin allein. Und fast unheimlich schön setzen sich im letzten Sonnenschein die Wolken auf den Höhn zur Ruh, strecken die Hügelzüge sich so sanft dahin, immer tiefer, ferner, vergilbender. Ein Flug kleiner Vögel olivgrün, etwas unter mir, im schnellen Hinstrich wippend. Darunter die wellige Ebene im Südwesten, mit vielen feinen Nebelstreifen, fast wie Riffe auf dem Meeresgrund. Jetzt beginnt die Sonne zu versinken. Auch in einer Scheibe seh ich sie, gespiegelt, rot, ganz rot, in der hohen Altfichte hängen. Dann ist sie verloschen, fort. Nur manchmal knackt noch leis der Wind im Turm. Und war da – dieser Schritt nicht wieder? Doch sonst kein Laut aus all den Dämmernissen schon ringsum, still, umschlungen, fern alles, weit, ein vergeßnes Land, ein Land, um zu vergessen.

Franken, mein Vaterland

Für Gabriele Röwer

Der Main flösse auch ohne uns von Ost nach West, als einziger größerer deutscher Fluß, und er wird mit an Sicherheit grenzender Wahrscheinlichkeit auch ohne uns weiter von Ost nach West fließen.

Wir aber können dann – während die tieftrauernd Hinterbliebenen, die lachenden Erben und dummen Sprüche am Grab, während die Landtagswahlen und der Ödipuskomplex, die gelbe Gefahr und Importquoten, die Unternehmerverbände, Zeugen Jehovas, eine Menge Mittelfristiges, Langfristiges, die Universalien, der Fixkostenkoeffizient, der Paragraph 218 und Audi 100, die Nato und die Heiligen Sakramente, der Sommerschlußverkauf, Glaube, Hoffnung, Liebe – wir können dann, während all dies (ein winziger Ausschnitt ja nur; und gibt es auch, eine meiner wenigen Überzeugungen – obwohl Überzeugungen oft eine schlimme Sache sind! –, wenig Verrückteres als ein ganz normales Leben, ist doch auch wenig normaler als die fast komplette Schizophrenie des Ganzen), wir können nun, während all dies zurückbleibt, endlich einmal in aller Ruhe, gewöhnlich etwas periphrastisch »ewige Ruhe« genannt, uns gründlich mit uns selbst auseinandersetzen: absolute Funkstille, vom leisen melodischen Mahlen der Würmer vielleicht abgesehn.

Geschloßnen Auges taste ich zum Wissen
Wie sich der Erdgeist meiner auch versichert,
Wie durch Gefels voll Schluchten und voll
  Rissen,
Darin ich einsank,
Charons Wasser kichert...

Lyrisch gar nicht übel, oder?! Und, laut Dichter, wird man, was sonst schwerfällt, auch nach oben steigen, »Zur Symphonie der Sphären dringen« –

> Zum reinen Himmel aufgestiegen,
> Ist Unterwelt der Welt gewichen,
> Und Flut, die durch mein Herz gestrichen,
> Seh ich mir blau zu Füßen liegen.

Ja, und nun ist es, wie oft im Leben, Sache des Zufalls, der Windrichtung und wie man dann sein Mäntelchen hängt, ob man auf Sumatra als »nasse Nacht« im schwarzen Pelzhaar eines greisen Gibbons trocknet oder, mit etwas mehr Glück (ich bin heute zum Provinziellen verpflichtet – aber zu keinem Heimatkundevortrag; und wenn ich auch niemandem zu nahe treten möchte: Nie tritt man andern mehr auf die Füße, als wenn man den eignen Standpunkt vertritt), ist es also Sache diverser Umstände, ob man als Regentropfen, statt auf Sumatra, wieder – im Main landet, der auch dann noch mit an Sicherheit grenzender Wahrscheinlichkeit weiter von Ost nach West fließt; vielleicht nicht als *einziger* größerer deutscher Fluß mehr, doch vielleicht auch nicht mehr als *deutscher* Fluß; obwohl nicht einmal dieser kleine Unterschied, für den unsre Oberen schon bereit sind, jederzeit fünfzig oder fünfhundert Millionen Menschen (aber nur keine Angst vor großen Zahlen: Man stirbt immer ganz allein!) in die Pfanne zu hauen, auf den Altar des Vaterlandes, in die ewigen Jagdgründe zu schicken, oder wohin Sie meinen – wer prophezeien will, braucht nur zurückzublicken –, es wird dann, glauben Sie mir, keinen mehr sehr *tangieren:* Ist's nicht ein wahrhaft befreiendes Gefühl?

Und doch, schwer vorstellbar, daß auch dann noch blauschattig der Wald herabschwebt zum

Main, noch immer die Sonne ihr tausendfaches Stenogramm aufs Wasser wirbelt, die Pappeln noch immer, verzückte Monomanen, hypnotisch starr am Flußlauf stehn, Schafe gleich großen flockigen Blumen am Ufer, schwalbenumzwitscherte Fliegensommer, Oktobertage wie aus alten Gobelins gestanzt, noch immer, horizonthinflimmernd, wie blaue Wale die Rücken des Steigerwalds und Schiffe, die, wer weiß, auch dann noch »Eltmann« heißen, »Mainz«, in regenrinnende Dezember tuten – »und dort sind Schiffe, dort sind Schiffe!« – ja, weiter, auch dann, von Ost nach West, fließt der Main.

Aus dem Osten, doch nur der Geburt nach, kam meine Mutter, aus Küstrin an der Warthe. Und vielleicht rührt's auch daher, daß, sehne ich mich nicht ans Mittelmeer, nach jenen traumschweren Unbegreiflichkeiten zwischen Cefalù und Palermo, nach Dalmatien, Istrien, der Toskana, von der mir manchmal, mit etwas Phantasie, Franken fast wie ein nördlicher Abglanz erscheint – wenn ich nicht gerade, nur beispielsweise, an Karlstadt denke und dies gigantische Zementwerk dort, wie ein Stück kolossalsten Ruhrpotts instinktsicher, doch, was wollen Sie, arbeitsplätzeschaffend an den Main gestellt ... »Doch nimmer vergeß ich dich, / So fern ich wandre, schöner Main! und / Deine Gestade, die vielbeglückten ...« Ja, wie dem Hölderlin mit dem Main, geht's mir, nur beispielsweise, mit dem Zementwerk von Karlstadt. Aber – die Arbeitsplätze; heute beinah alles! Oder hören Sie keine Politiker?

Niemand weiß, sagt man in Ghana, welches Übel uns der Tag heute noch bescheren wird. Oder in Japan: Alles Unglück kommt durch den Mund. – Also, die Katzen, wenn die Trickfilme sehn, sind die von der ständigen Bewegung wie fasziniert. Das hat Neil Rackham, ein Psychologe aus Sheffield, in fünf Jahren erforscht. Zeigt man ihnen dagegen Politiker im Gespräch, so Rackham wörtlich, »rollen sie sich zusammen und schlafen«. Aber, falls Sie Katzen nichts zutrauen – auch Hunde... Sehen Sie, mein Hund zum Beispiel, und dazu brauchte ich – ein blutiger Laie freilich: Nebenbei, wem wir wohl ausgerechnet diesen »blutigen Laien« verdanken?! Na, wir kommen vielleicht noch darauf – brauchte ich keine fünf Jahre wie Mr. Rackham, denn ich sehe höchstens fünf Stunden fern im Jahr, hört also mein Hund auf dem Schirm, der die Welt bedeutet, einen Hund bellen – wie elektrisiert! Wie Mr. Rackhams Katzen! Wenn aber irgendein Anwärter, Aspirant, Prätendent noch so erregt, wie von Furien gejagt, aus der Mattscheibe sprudelt – man merkt es den Reden mancher Politiker an, daß sie die größere Durchschlagskraft ihren Maschinengewehren zutrauen – oder wenn auch ein ganz andrer nun wirklich die Ruhe des überlegenen Staatsmanns zelebriert, was sag ich, verkörpert, da blinzelt der Hund nicht einmal. Und kein blöder Hund!

Blöder Hund..., blödes Zementwerk am Main..., Arbeitsplätze... Übrigens: Wie viele schon durch jene Kugeln fielen, die sie zur Rettung ihrer Arbeitsplätze gossen? Warthe, Küstrin, vielleicht, wollte ich sagen, vielleicht hängt es auch mit der Geburtsstadt meiner Mutter zusammen, daß ich mich oft nach den Weiten des Ostens, des Nordens auch sehne und lange dachte – denn Einbildung ist eine starke Seite gerade der Franken, und alt, sagt der große Weise aus Weimar, ja eigentlich auch einer von uns, alt wird man wohl, wer aber klug: Gar mancher meines Alters beispielsweise färbt sich noch die Haare und bringt so den Esel erst recht zum Vorschein! –, vielleicht, ich bitte wieder ansetzen zu dürfen, hat es auch mit der Geburt meiner Mutter im Osten zu tun, daß ich lange glaubte, wirklich verzehrend – verlieben, was sage ich, eine ganz und gar kopflose, eine fliegende, alles mitfortreißende Leidenschaft (denn besser manchmal kopfzustehen als kaputtzugehen; und wer immer nur das Vernünftige tut, kann nicht viel Vernunft haben) sei bloß dort, unter diesem ewigen Gähnen denkbar, auf diesen oft schnurgeraden Wegen, Alleen, hitzköpfig und heiß in den Himmel der Kühe und Vogelschwärme laufend, wie Süchtige stur in den Horizont verrannt, tief alles, erdnah, schief schon und siech, vom Seewind gesträhnt, vom Meerwind überleckt, vom Bitteren, Weiten, Wege und Heide, in nichts als in sich selbst versunken, Höfe und Herden, ein einziges Insichhineinsinnieren, im eignen stillen Wahnsinn schwelend – ja, nur dort, schien es mir, könne man sich besinnungslos versteigen, nur dort, wie gepeitscht von der Ebene, einander entgegenjagen, wie verzehrt, durchgedreht schon, halb geisteskrank fast und immer diesen leichten, fliegenden Fuß nur, diesen Schritt im Ohr...

Aber es wird nichts so heiß gegessen, wie es gekocht wird. Und doch, worum brächte man sich, würde man's nicht manchmal ganz schön heiß kochen... Selbst auf die Gefahr hin, daß es überhaupt nicht gegessen wird; ein gar nicht seltner Fall.

Ja, Küstrin an der Warthe – denn schließlich endet die Welt nicht in Franken, treibt's einen, wie Zugvögel, mal südwärts, mal mehr dorthin, wo meine Mutter herkam, um dann hier in zwei sogenannten Schlössern zu wohnen, einem Schlößchen in Franken und einem, schrecklich zu sagen, in Niederbayern, ohne daß mein Großvater etwas anderes als rotes Blut in den Adern gehabt hätte, was ja manchmal ganz anders ist!

Da fällt mir ein Gesprächsfetzen ein – ich schweife ab, kurz bloß, eine sehr fränkische Eigenart, von Leuten, die nie Jean Paul lasen, als Unart leicht zu verkennen, in Wirklichkeit eine klassische Nationaltugend, nicht im geringsten zu verwechseln mit dem undisziplinierten Springen vom Hundertsten ins Tausendste, findet ein echter Franke doch immer wieder den Faden und manchmal sogar den richtigen, wie ich jetzt diesen Gesprächsfetzen von einem fränkischen Schloßkonzert. »Sagen Sie, Gräfin«, forscht, glänzenden Blicks die Gesellschaft sondierend, ein Herr, »ist das alles von Ahhhhdel?« Darauf die Herrin des Hauses, mit allen Anzeichen erschütternden Bedauerns – aber was wollen Sie in solcher stets demokratischeren, proletarischeren, elenden Zeit: »O nein! Da sind auch einige kloinere Loite aus dem Orte darunter...« Ah, einst kam das Kroppzeug doch nur in die Gesindestube! Im gottseligen Mittelalter kostete ein Landsklave zeitweise fast dreimal weniger als ein Pferd. Noch im siebzehnten Jahrhundert gab es fränkische Edelfrauen, die ihre Bauern in lauen Frühsommernächten den Schloßteich bis zum Morgengrauen peitschen ließen; hätte die Gnädige doch wegen des Froschgeplärrs vielleicht schlecht geschlafen. Romantische Zeiten! – Aber meinen Sie, neben solch sensitiven Seelen nehme sich etwa der Atommeiler bei Schweinfurt sehr viel harmloser aus?

Dagegen: die überdurchschnittlich vielen und zuweilen hinreißenden Schlösser Frankens – man darf nur nicht daran denken, wie sie zustande kamen; doch das gilt von vermeintlich noch edleren, ehrwürdigeren Bauwerken auch. Nicht weit von Schweinfurt, gleich in den Mainhängen oben (der Name, sehr un-, ja antifränkisch, stört bloß das Bild) – also, man muß das gesehen haben, wenn es, unvermutet und wirklich bescheiden beinah, plötzlich neben der kleinen Apfelbaumstraße steht, nur die langen blauen Schatten der Bäume auf dem Asphalt und die noch grünen Äpfel im Laub, so allein das Ganze, wie Sie selbst, leicht vergammelt, der Baron über alle Berge, Sie müssen das im Spätsommer sehn, wenn das Abendlicht dort honigbraun den stillen Stein belebt, nichts besieht als sich selbst, die weite Freitreppe, flach, fast anspruchslos, vom Gras zu den drei schönen Flügeltüren der Terrasse führt, angenehm proportioniert, ein paar Takte Chopin vielleicht, Tees aus dem achtzehnten Jahrhundert, Romanzen, irgendwie hängt das alles im späten Nachmittagslicht und versucht sich, fast hoffnungslos, rührend, zu erinnern, die leicht windschiefen Fensterläden, das alte, gewellte, blaßbraune Dach, taubenlos und lind vermoosend – und da, war nicht ein Frauenkopf, eine Hand da, ein Arm, vor hundert, zweihundert Jahren winkend, hinaus in den Park, der vor der Treppe so allmählich hangabwärts sich senkt, ein Wiesenoval, kaum gepflegt, sich selbst überlassen, vom Abend entzündet, hohe Bäume darum, erlesen, kaum eine Krone die andre berührend, kein Blatt sich regend im rinnenden Licht, südlich, exotisch fast, wie aus der Toskana entflogen, aus Eichendorffs Zeiten –

Denkst du des Schlosses noch auf stiller Höh?
Das Horn lockt nächtlich dort, als ob's dich
  riefe,
Am Abgrund grast das Reh,
Es rauscht der Wald verwirrend aus der Tiefe –

Aber sooft ich auch, ob Sie's glauben oder nicht, schon ansetzte zum Kauf, fehlten mir doch ein paar lausige Blaue stets, die meine Schreiberei einfach nicht abwirft. Nein, als einzelner, wenn man keine kleine Kleinstadtapotheke oder 'ne kleine Landarztpraxis hat (der eine macht die Leute nicht ganz krank, der andre sie nicht ganz gesund: eigentlich ja auch kein richtiger Einmannbetrieb, sondern, *manus lavat manum,* ein Kompagnongeschäft – aber so ganz auf die eignen Gedanken gestellt, ob die nun kommen oder nicht, da können Sie noch so oft des Schlosses dort auf stiller Höh' gedenken, das bleibt dort, und man bleibt da. (Als ich eines Tages wieder kam, stand von allem kein Stein mehr.)

Man bleibt, zu den »kloineren Loiten« zählend, gewöhnlich eben in den Niederungen; mancher zwar steigt einmal auf, noch eh er zum reinen Himmel gelangt – »Und Flut, die durch mein Herz gestrichen, / Seh ich mir blau zu Füßen liegen! ...« –, aber mancher rutscht auch von mehr oder weniger eingebildeten Höhen hinab.

Zu einem alten Freund meines Vaters kam kurz nach dem Krieg ein fürsorglicher fränkischer Landrat, um seinen aus dem Osten geflohenen Neffen, es ging nur um drei, eine kleine Sinekure, ein Forstmeisterpöstchen, zu beschaffen. Doch da die drei, außer dem Gotha, kaum Nennenswertes gelesen, fragte der alte Pflaum, Vater, nebenbei, meiner großen Jugendliebe und eigentlich ein literaturreifes Original: »Ja, haben denn die jungen Herren eine entsprechende Vorbildung?« – »Aber, Herr Oberforstmeister«, belehrte ihn der Landrat da, den bekannten, doch etwas vulgären Spruch: Am schönsten hat's die Forstpartie, der Wald, der wächst auch ohne sie, durchaus standesgemäß veredelnd, – »Aber, Herr Oberforstmeister, wir Adeligen haben doch das Rauschen des Waldes alle im Blute!«

Und darauf hätte ich mich nun nicht berufen können, als ich dem alten Herrn Pflaum, dessen ich gern und mit Respekt gedenke, wegen einer kaum ausreichenden Mathenote, vielleicht aber auch wegen seiner bereits verehelichten Filia, nicht qualifiziert zum Grünrock schien. Denn mein Großvater hatte, trotz Schlößchens in Franken und Niederbayern, nichts anderes als das übliche Blut in den Adern und auch nichts anderes zusammengebraut als das übliche Bier.

Mein Vater, in Oberschwarzach geboren, wuchs als uneheliches Kind, während mein Großvater Bier braute und die Welt langsam aber sicher in den Ersten Weltkrieg, so sagt man, schlidderte – doch der Krieg ist der Vater der Dinge, der Fortschritt explosiv und die Menschheit stürmt in Detonationen voran –, mein Vater wuchs in der »Perle des Steigerwaldes« auf, die ich freilich nie entdecken konnte; es sei denn in den Märchen meines Großvaters, väterlicherseits nun, und den Einmachgurken meiner Großmutter in einer Wohnung, ausreichend gerade für zwei mittelgroße Hunde; nicht zu vergessen die Fensterrose der Basilika, wenn sie, wie emporgefingert von den silberstummen Orgelpfeifen, im verstaubten Bronceton des Steins aufglühte wie ein Pfauenrad.

Auch mein Vater mochte geglüht haben, als er meiner Großmutter einmal fünf oder sechs Deutsche Reichspfennige klaute, um einen Brathering zu kaufen, und den vor Appetit und Hunger und Sehnsucht nach den Delikatessen und Herrlichkeiten der Welt zusammen mit seinen Geschwistern noch auf der Straße verschlang – direkt neben einem einstigen Kloster, dessen Mönche noch ein rundes Jahrhundert früher eine Jagd hatten, auf der man manchmal an einem Tag mehr als hundert Hirsche schoß, »prächtig meublirte Zimmer« auch, »einen Billardsaal, ein halbes Dutzend sehr schöne Sängerinnen und«, schreibt Kaspar Risbeck, »einen ungeheuren Weinkeller, vor dessen wohlrangirten Batterien ich ordentlich erschrak«. Dazu ein Abt, der am Geburtstag immerhin achtundzwanzig Gänge aufgetischt bekam und beim Pontifikalamt allein Schmuck im Wert von 180 000 Gulden trug; während zur selben Zeit, im frühen neunzehnten Jahrhundert, Diener und Bierbrauergesellen des Bamberger Franziskanerklosters – längst nicht das schlechteste – neununddreißig Gulden Jahresgehalt bezogen, die Bamberger Domherren aber, wieder zum Vergleich (und in Würzburg stand es natürlich genauso), bis zu zehntausend und zwölftausend Gulden pro Jahr, das Dreihundertfache. Aufklärung ist Ärgernis; wer die Welt erhellt, macht ihren Dreck deutlicher.

Mein Vater, als junger Förster am Hang des Zabelsteins jagend, beschloß, gerade bei einer Wirtstochter abgeblitzt, nun das schönste und reichste Mädchen der Gegend zu heiraten, meine Mutter. Und mein Großvater verkaufte alles, was er besaß, und gab es, als guter Protestant, natürlich den Armen nicht, sondern steckte, sehr weit-, doch wenig scharfsichtig, alles in einen Chemiekonzern und ging Halunken auf den Leim. Nur nicht auf den Leim, dachte die Fliege und flog der Schwalbe ins Maul.

Aber: Geschieht es jetzt, so geschieht es nicht in Zukunft, geschieht es nicht in Zukunft, so geschieht es jetzt, geschieht es jetzt nicht... Und oft auch, immer öfter, erinnere ich mich an den Spruch, der einmal eine Sonnenuhr in Frankreich umschlang und neben der alten Seelenfängerlüge, es sei nie zu spät, traurig, aber wahr sich behauptet: Es ist schon später, als du glaubst...

So müh ich mich, wofür, warum, seit dreißig Jahren, in wöchentlicher Hundertstundenfron, in einer fränkischen Dachkammer jetzt, mehr arm als Poet, und versäume, ein Narr noch nicht einmal auf eigne Faust, auch noch den Rest, Cefalù und Texel, Hallands Väderö und die Loire, die Garonne – »Geh aber nun und grüße / Die schöne Garonne...« –, versäume Anton Bruckner und, wer weiß, mich selbst. Zwar jeder Augenblick eröffnet neue Augenblicke, doch jeder ist der Totengräber eines andern auch. Und lese eines Morgens um fünf in einer Veröffentlichung des Max-Planck-Instituts für Geschichte über die Frühzeit des Bistums Würzburg:

»Der Main ist der einzige große deutsche Fluß, der von Osten nach Westen fließt.« Und weiter: »Seine beiden Quellflüsse, der Weiße und der Rote Main, entspringen im Fichtelgebirge und im Fränkischen Jura. In der Nähe von Kulmbach mündet der Rote Main in den Weißen Main. Nachdem der Main das Fichtelgebirge hinter sich gelassen hat, durchbricht er bei Haßfurt die Keuperstufe der Haßberge und des Steigerwaldes ...«

So reizvoll aber dies alles sein mag: Weißer, Roter Main, Fichtelgebirge, Jura, Kulmbach, die Haßberge und sogar die Keuperstufe – nur auf Steigerwald und Main komme ich zurück, den Rest kennen Sie besser, Vollständigkeit ist nicht erstrebt; auf jeden Fall haben meine »Ausführungen« durch die Zitation der Arbeit des Max-Planck-Instituts für Geschichte nun auch eine solide geographisch-geologische Grundlage gewonnen.

Denn es darf ja nicht alles haltlos in der Luft, der Metaphysik etwa hängen, in Lyrik, Sonnenuhrensprüchen, der Warthe oder im Bier. Nein, es muß auch historisch fundiert sein, es muß – das entscheidende Stichwort endlich ... apropos: Stichwort, hat etwas sehr Stechendes, finden Sie nicht? Doch Sprache ist nun einmal sprechend: Schlachtfest, Hauptabschnitt, Mordsarbeit, Mordsspaß, Vollblutpolitiker – es muß auch an die politische *Ordnung*, der wir Franken, mein Vaterland, verdanken, wenigstens beiläufig erinnert werden dürfen.

Das Fundament dieser Ordnung – Sie wissen das aus Schul- und Hochschultagen noch; wenn nicht, um so besser, denn was man, in Geschichte zumal und Verwandtem da, rings um den Erdball, hörte und heute noch hört, dem kann gar nichts Besseres passieren, als baldiger Vergessenheit anheimzufallen –, das Fundament unsrer Ordnung schuf ein gewisser Chlodwig, ein kleiner fränkischer Gaukönig, dessen eigener Vater Childerich, aus dem Geschlecht des sagenhaften Merowech, noch unter dem *magister utriusque militiae per Gallias,* dem Oberbefehl des römischen Kommandanten in Gallien, Aegidius, gekämpft – doch alles wieder gegenwärtig jetzt, nicht wahr – und um die Wende vom fünften zum sechsten Jahrhundert: Nun zucken Sie nicht, weil das vielleicht doch etwas weiter zurückliegt, als Sie meinten, oder Ihnen das heute etwas überholt scheint, unmittelbar vor dem Atomtod, um ganz auf der Höhe des Fortschritts zu sein. Denn, wer da noch Fortschritt leugnet: Vor fünf Millionen Jahren begann die Geschichte des Menschen, in fünf Minuten kann sie beendet sein! Aber nur nicht bange machen lassen: Man stirbt immer ganz allein. Und wie schon der heilige Kirchenlehrer Augustinus so richtig sagt: »Was hat man denn gegen den Krieg? Etwa daß Menschen, die doch einmal sterben müssen, dabei umkommen?« Es geht nichts über ein gesundes Gottvertrauen! Also, was heißt da fünftes, sechstes Jahrhundert: Denken Sie an das Alter der Menschheit, das explodierende Weltall, daß vor Gott tausend Jahre wie ein Tag sind (Ps 90,4) – oder, mir fällt da auch ein Gang ein, von Tretzendorf nach Ebelsbach-Eltmann zur Bahn, sagt Ihnen nichts, aber für mich: Was so dazwischen- und darumliegt, Feldbäume einbeinig einsam, von Lerchen übertrillert, in den Himmel stiefelnd, sanft fortflutende Höhen, Wälder, grünlich erst, grau dann, blau, Kuppen wie schlierige Karpfenrücken im Dunst, Stifter, wissen Sie, *Hochwald*, ach, ihn sollte man immer wieder lesen, ja, mehr als mein halbes Leben dort, und auf halbem Weg Abschied von Frau und Töchterchen, etwas Winkewinke noch, ein paar Hände in bröseliger Herbstluft, eine Bodenwelle und ... nur im Gegenlicht, wo beide gerade noch gingen, ein kleines bißchen Staub, einen Augenblick bloß, dann auch das nicht mehr. So meine ich. Realistisch. Ganze Weltreiche. Man kann den Staub eines Königs bis dorthin verfolgen, wo er ein Spundloch verstopft. Doch die Dinge so betrachten hieße sie allzu genau betrachten. Sie kennen das. Aber das finde ich nicht. Das ist die natürlichste Sache der Welt und durchaus nicht, um katholisch zu werden, Steinerianer oder sonst was Sektiererisches.

Chlodwig also legte den Grundstein unsrer Ordnung, indem er erst den letzten römischen Machthaber in Gallien schlug, dann die Burgunder, dann die Westgoten, deren König Alarich II., einen arianischen »Ketzer«, gleich im ersten Treffen, wie es heißt, eigenhändig abstechend (aber damals fochten die Könige wenigstens noch; heute heißen sie Hinz oder Kunz, hocken im Führer- oder Atombunker, und ihre Generale suchen im Hubschrauber das Weite!). Nein, an der Spitze seiner Haufen, und auch von den katholischen Bischöfen seiner Gegner unterstützt, stieß er erst bis zur Seine vor, dann zur Loire, dann zur Garonne –

Geh aber nun und grüße
Die schöne Garonne
Und die Gärten von Bordeaux...

Den Franken habe zum Freund, nicht zum Nachbarn, hieß es schon seinerzeit. Auch säuberte Chlodwig durch bewundernswert geschicktes jähes Verkürzen der Lebenszeit von nur einigen Dutzend anderen fränkischen Gaufürsten, einschließlich naher Verwandter, gründlich das Feld. Kurz: »Täglich gab ihm Gott«, so schreibt damals der heilige Gregor von Tours, eindeutig Chlodwigs gottgefällige Verwandtenschlachtfeste feiernd, »seine Feinde in die Hand, weil er rechten Herzens vor ihm wandelte und tat, was wohlgefällig war in seinen Augen.«

Das Gott Wohlgefällige tat sicher auch meine Mutter, indem sie, dem Protestantismus abschwörend, katholisch wurde. Und das Gott Wohlgefällige tat ich auch selbst, als ich, kaum zehnjährig, auf das Dettelbacher Franziskanerseminar ging, eine Vertreibung für mich aus dem Paradies, dem einstigen Jagdsitz guter Hirten aus Würzburg, wo mein Vater als Förster und Fischzüchter saß und ich die längste Zeit lebte.

Ein Treppenhaus aus Sandstein, Räume voller Gartenluft, monatelang sinterte ihr grünes Laubfroschlicht an den Decken. In den Mai-, den Juniabenden, -nächten, schien das Haus wie erschüttert von Froschkonzerten, umbraust von Bassisten und Chören, Vorplärrern, Nachtönern, fast wie in der großen Politik, nur alles harm- und kostenlos, ohne Gehalt, Diäten, Pensionen und Weltkriegen. Außer den Füßen vertritt man am leichtesten das Volk.

Ich seh meine Mutter an solchen Abenden am Fenster. Sie schaut zu den Weihern, der kleinen Insel hin, dem Birkensteg, ich seh ihren Kopf im fast grünen Gartenlicht. Ich sehe, Jahrzehnte später, einen Mann auf dem Feld, der mich schon kennt, wie er sagt. »Und Sie?« frage ich. »Krebs«, sagt er und lächelt breit. »Mein Name ist Krebs.« – »Darüber habe ich solchen Schmerz empfunden«, notierte, fast ein halbes Jahrtausend früher, in Nürnberg ein Maler zum Tod seiner Mutter, »daß ich's nicht aussprechen kann.«

Und immer müder, verebbender das Froschgeschrei, die Liebe, während der Sommer vorrückt, den Ruf des Kuckucks an mein Abendzimmer wehend, meine Abendohren. Manchmal am Morgen biegt der Wind den Strahl des Springbrunnens wie eine Rute bis in die grünen Finger des Farns. Einmal ertrank da ein Dackel. Schwamm an der glatten Springbrunnenwand im Kreis, immer im Kreis, ungehört hechelnd, japsend, versank. Aber so oder so, ungehört oder gehört, über Kimme und Korn, einen Kunstfehler, einen Aktiensturz, eine Gaskammer. Konventionell versinken oder weniger konventionell, das ist schon gar nicht mehr die Frage. In den Flieder sehn, den Rotdorn, während das Korn, Tag um Tag, goldner an die Horizonte stürzt, die Seerosen in den Wasserlinsen die weißen Augen öffnen und schließen, Dahlien und hundert gelbblühende kleine Sonnen an der Gartenmauer, Astern –

Noch einmal das Ersehnte,
Den Rausch, der Rosen du –
Der Sommer stand und lehnte
Und sah den Schwalben zu ...

Sich rötende Pflaumen, der nasse verfaulende Geruch des Phlox, Wind, als würde der Erde die Haut abgezogen, die Blätter der Silberpappel schon wie Schneeflocken am Boden. Und da überfriert auch bereits Winter die Scheiben, kommt alle Jahre wieder ... fährt endlich, in lädendurchklapperter Märznacht, der Tauwind, wie vom Mond stürzend, zu Tal, wo er aufjaulend die alten Bachfichten packt, schier endlos in ihrem Haar wäscht und wühlt, das rote Krähn der Hähne herbeipfeift, grünzüngiges Gras ... Das Rad an meines Vaters Mühle brauste und sauste schon wieder recht lustig ... Ein Taugenichts eigentlich kaum. Ein Träumer. Möchte bloß wissen, was aus dir einmal wird ... Die Stimme meiner Mutter, meines Vaters, meine eigne Stimme, die meiner Kinder. Stimmen aus Staub.

Aber draußen Knog, Brand und Schulzenhügel, schmalhüftig der Vögleinsgrund, in Fichten versinkend fast, Buchen, schöner der Schulterbach noch, taillenhaft schlank die Wiesen, da mit dem Wald verschnürt, dort oval sich erschließend, wie selbstverzückt, summende Stille, leis nur vom Schrei des Bussards getroffen, der gelassen hoch oben den Himmel auszirkelt.

Doch bloß nicht ins Dorf mehr, »neu renoviert«, wie es da heißt, Kleinindustrie, clevere Geschäftemacher, kurz, wie überall jetzt, wo der Fortschritt marschiert, das Profitchen, der Fremdenverkehr, dieser Verein, jener, noch über die Dörfer hinaus wie angesteckt alles, befallen, vermessen, erschlossen, bereinigt, beschriftet, die Bänke, die Bäume, die Festmeter beziffert, der Nutzwert, Trimmdich- und Naturlehrpfade, Wege zum Wandern für des Müllers Lust, Zünftiges in Affenjacken, Volksmärsche gar mit US-Generälen – wer weiß, wohin man zusammen noch marschiert!

Paradiese sind immer schon verloren, wenn man sie begreift. Aus dem Wald also ins fast baumlose Dettelbach, das versteinerte Dornröschen, existent übrigens dreihundert Jahre bereits vor Nürnbergs Geburt, als königlicher Meierhof, schon 742 erwähnt, im Geburtsjahr Karls des sogenannten Großen.

Denn inzwischen waren die Merowinger und ihre Ordnung längst beim Teufel oder geschoren im Kloster, mit dem entscheidenden Beistand des Heiligen Vaters Zacharias sogar, wenn auch etwas außerhalb der Legalität. Hauptsache – wie sagte Prälat Kaas, der Zentrumsführer, 1933 in Rom, wo es am heiligsten ist, »sehr beeindruckt«, wörtlich erklärend, von den »klaren Gedanken« Hitlers und »seinen edlen Idealen«? »Es kommt nicht darauf an, wer regiert, wenn nur die Ordnung gewahrt bleibt.«

So war das schon seinerzeit. Von der Machtergreifung Karl Martells 714 bis zu Karls des Sachsentöters Tod 814, in genau einem Jahrhundert, führten die Karolinger in dreiundneunzig Jahren Krieg, und nur in sieben, 740, 749, 750, 759, 764, 790 und 807, führten sie keinen. Karl selbst war an dieser weltgeschichtlichen Säuberungsarbeit in sechsundvierzig Regierungsjahren mit fast fünfzig Feldzügen beteiligt, mit eiserner Härte Langobarden und Sachsen zur Ordnung rufend, Friesen und Bayern, Awaren und Slawen, Basken, Araber, Byzantiner, schließlich ein Gebiet fast von der Größe des Weströmischen Reiches beherrschend, 1 200 000 Quadratkilometer, wobei so gut wie alles im Nordosten und Süden dieses *imperium Christianum,* dieses *regnum sanctae ecclesiae,* zusammengeraubt war. Aber: »Die Räuber von Geld werden hingerichtet«, sagen die Japaner, »die Räuber von Ländern zu Königen gemacht« – weltweit ein guter historischer Brauch. Sind aber die Räuber schon Könige, werden sie Kaiser und heilig gar, wie Karl, dem dies (auf Betreiben Friedrichs I., Barbarossas, und seines Kanzlers, des Kölner Erzbischofs Rainald von Dassel) 1165 durch Papst Paschalis III., Gegenpapst Alexanders III., widerfuhr. Gregor IX. hat die Kanonisation bestätigt, kein späterer Papst sie je für ungültig erklärt. Noch ich feierte in Dettelbach meinen Namenstag am 28. Januar, am Tag des heiligen Karl.

Sonst gab es da wenig zu feiern für mich, so feierlich es auch oft zuging, in der Wallfahrts-, der Stadtpfarrkirche, dicht neben der mich im Haus mit dem Pranger Tante Rettel bemutterte, eine zerknitterte lippenlose Zwergin, deren Sorge ums Seelenheil sie jeden Tag vielmals, in stets graubauchigen, den letzten Zehennagel noch verhüllenden Röcken, wie eine lebendig gewordene Glocke die drei Schritte zum Allerheiligsten hinüberwackeln ließ, wo Onkel August Mesner war, während Onkel Franz, der fröhliche Junggeselle, in der winzigen Druckerei der Wohnung Erbauliches druckte, die jüngere Tante Marie, gleichfalls unvermählt und immer leicht schmollend, leicht ungekämmt, zerstreut, mit einem Gesicht wie die schmerzhafte Muttergottes vom Gnadenaltar, in einem Liliputlädchen auf schlurfenden Pantoffeln Weihwasserkesselchen verkaufte, perlenbunte Rosenkränze, heilige Gipsfigürchen, indes ich selbst, krank vor Heimweh, hinaus ins Kloster zokkelte, zu den Söhnen des heiligen Franz, zu unlösbaren Mathematikaufgaben, lateinischen Rätseln.

Doch was mich einst unglücklich machte, entzückt mich heute; nicht Dettelbach nur.

Prichsenstadt beispielsweise, wenn man durch sein Westtor mit den wie hitzeverdörrten Turmspitzendächern darüber wie durch ein großes Schlüsselloch direkt ins Mittelalter zu schauen scheint, während manchmal der kleine Zwiebelturm, schiefrig am verquollenen Sommerhimmel dösend, blechernsüß und dünn die Zeiten schlägt, als wären's noch die alten. Drinnen freilich, zwischen Fachwerk, grünen Weinfingern, alten Laternen, ein heimeliger Kuhstallschwadendunst, wie aus jeder Pflasterritze dringend; und bei den Türmchen, ihren ausgeschlurften Steintreppen, tiefrissigen Holzgeländern, riecht's nach Urin, nach Folterkeller noch, Hexen.

Doch damit hat man auch in Franken wieder aufgeräumt. Im kleinen Zeil etwa, fünf Minuten nur von meinem Wohnort, 1627 am 24. April sieben Hexen verbrannt, am 18. September zehn Hexen, am 23. November neun Hexen, am 13. Dezember fünf Hexen und noch näher an Weihnachten wenigstens eine Hexe, »weil sie eine heilige Hostie dem bösen Feind zugestellt«. Die Stadtchronik des gleichfalls kleinen Gerolzhofen meldet 1616 »an hexischen Leuten 99 Personen«, im nächsten Jahr achtundachtzig, im nächsten einundsiebzig, im nächsten drei, »in Summa 261 Hexenleute ... auf dem Schieß- oder Henkerswasen größthenteils verbrannt, aber auch strangulirt oder mit dem Schwert hingerichtet«, nicht gerechnet, was sonst »im Hexenthurm und Centgefängniß« noch krepierte. Nie war die Menschheit herrlicher erleuchtet als durch den Scheiterhaufen.

Bamberg bereicherte damals der Weihbischof Förner mit einem eignen Hexenhaus, ganz auf der Höhe der Zeit: erst Fesselung, darauf Daumenschrauben, dann Beinschrauben, dann »Zug auf die Leiter«, endlich Geißelung; wobei der »allerseits gnädige Fürst«, Bischof Fuchs von Dornheim, genannt »Hexenbrenner«, doch eine gewisse »Führungsschwäche« zeigte, insofern er nicht alle sechshundert lebendig verbrennen, sondern, aus purer Gnade, manche nur erhängen oder köpfen, ja etliche zuvor nicht einmal mit glühenden Zangen zwicken ließ; und alles, in fünf Jahren, bloß für eine halbe Million Gulden.

»Zu viel hundert tausend guter nacht hertzliebe dochter Veronica«, schrieb 1628 der Bamberger Bürgermeister Junius, fast genau meines Alters, zu Beginn seines letzten Briefes aus dem Gefängnis und schloß: »Ich hab etliche tag an dem schreiben geschrieben; es seint meine hendt alle lam, ich bin haldt gar übel zugericht... Das darfst künlich für mich schwören daß ich kein trudner sondern ein mertirer bin und sterb hiemit gefast. Guter Nacht denn dein vatter Johannes Junius sieht dich nimmermehr.«

Wie bitter notwendig aber solche Säuberungen waren, Ausdruck echter Staatsräson, das beweist nicht nur Bambergs weiterer Bürgermeister Neudecker, der »gütlich und peinlich« bekannte, »mit dem Teufel Unzucht getrieben« zu haben. Nein, noch im zwanzigsten Jahrhundert mußten im Fränkischen Hexenprozesse geführt werden, zeigte man da doch auch 1935 noch Häuser, worin »ganz gewiß Hexen wohnen« (gut dagegen: Peitschen, Patschen, Schmalzgebäck backen; nicht zuletzt natürlich Weihwasser, Weihrauch, Kreuzschlagen und so weiter). Ergab ja vor einem Jahrzehnt noch eine Umfrage der Universität Erlangen-Nürnberg, daß Hexen Vieh beschreien, Unglück, Krankheit, Läuse anhexen, Blut aussaugen, aus dem Handtuch melken, auf dem Besen reiten, sich in Katzen, in Kröten verwandeln und so weiter. Und mußte doch kürzlich erst einer fränkischen Studentin der Teufel ausgetrieben werden – und das Leben.

Ganz entzückend auch Mainbernheim. Protestantisch, wie ich gleich betonen will, und trotzdem nicht ganz so fortschrittlich wie das katholische Dettelbach, das man eben jetzt »neu renoviert«, natürlich gerade dort, wo's am schönsten ist, die Türmchen nur so phallisch durch die Gegend purzeln, ziemlich senil selbstverständlich schon, verschimmelt (so wie ein gewisser, aus Sachsen zugereister und hier doch gar nicht so übel arrivierter Wolfgang Buhl uns Franken selbst schon verschimmeln sieht, während, schreibt er, wir vor hundertvierzig Jahren noch »von Schimmeln gezogen« wurden: natürlich nicht alle!). Also: jedes Türmchen da ums Faltertor schon sauber mit Gerüsten eingekreist und ohne Zweifel jedes in Kürze genauso picobello wie das von ihnen berückend umstarrte Tor bereits selbst; glatt und goldgelb wie dort die Bank des Fürsten von Castell. Nur weil ich Pazifist bin, schlage ich vor: sofortige Zwangsarbeit aller Verantwortlichen, peinlich genaue Zurückversetzung alles Verschandelten, in Tag- und Nachtschichten, keinesfalls in den ursprünglichen, sondern vorherigen Zustand, zwischenzeitlich Prangerstehn wegen Erregung öffentlichen Ärgernisses und Vergewaltigung Wehrloser, anschließend Verstoßung aus dem Dienst, Verlust der Pension um mindestens zwei Drittel und lebenslange Bewährung. »Jetzt«, ruft mir ein Dettelbacher zu, den Kern der Sache erfassend, »jetzt, wo das Alte wieder modern wird!«

Und in Mainbernheim scheinbar gleich wieder ein Gesinnungsgenosse; Mann mit schwarzem Pudel, rotblond gezwirbeltem Schnurrbart – pensionierter Polizist? »Beamter beim Bund« jedenfalls und dabei so viel Geschmack und Kultur! Nein, keinen Pfennig gebe er denen vom Denkmalschutz, ruft er entschieden, als ich mich über die hier gleichfalls entstehende schöne neue Mauer an der Bundesstraße mokiere – alles verfugt, Grünzeug beseitigt, sauber begradigt, so gradlinig und sauber eben wie unsre Zeit oder auch, ganz in der Nähe, die halbfertige Autobahnbrücke, martialisch über die lieblichen Mainauen weg. »Da, schaun Sie den Weg an«, sagt mein Mann eifrig, auf den wunderbar hucklig und bucklig wie ein Gebirgsbach unter uns Fortströmenden deutend. »Jahrhundertelang geschlafen! Nichts gemacht. Nicht einmal 1933 was gemacht. Danach auch nichts gemacht.« Er zeigt, nur *pars pro toto,* auf ein reizend olivgrün, fast italienisch verwaschen in einem wahren Busch- und Blumenidyll unschuldig vor sich hinsinnendes Häuschen, das aber, ob des drohenden Polizistenfingers, augenblicklich noch einen Hauch blasser zu werden scheint: »Ä Kette dran, än Traktor devor und weggerisse!«

Auf dem Rathaus zunächst in drei sprachlos offene Münder starrend, sehe ich mich jedoch plötzlich einem kleinen, aufrechten, äußerst selbstbewußten Mann, etwa meines Alters, gegenüber, der sich sofort, wer hätte das von Mainbernheim gedacht, als Herr von der »Presse« und als »Stadtrat« zu erkennen gibt, mich höflich schweigend anhört und dann höflich, aber scharf, über mich herfällt, sicher, bestimmt, protestantisch, wie Mainbernheim, einst den Ansbachern hörig, nun einmal ist, und ich zweifle auch keinen Moment, daß mein Gegenüber sowohl für den Reformator wie den Markgrafen noch heute sofort aufrecht durch jeden Kugelregen schritte. Dazu überaus beschlagen in Lokalgeschichte (speziell Mainbernheim), Architektur (speziell Stadtmauer) und Denkmalschutz. Und daß ich die Zuständigen, alle promoviert, weder aus Würzburg noch Kitzingen, noch Schweinfurt kenne, macht mich zur Minna. Nur Mainbernheims massives Pflaster bewahrt mich vor dem Untergang, während er mich bereits führt, um seinen Worten die Beweise folgen zu lassen, steif, protestantisch, unerbittlich, der verkörperte Ortsgeist. »Sehen Sie! Da kommt das Unkraut schon wieder. Fünfzig Jahre, und es ist wie immer!«

So echt und unverfälscht aber wie möglich: Sulzfeld. Straßen wie Sturzbäche, kreuz und quer den Dorfhang herunterkollernd, Wände wie Kunstwerke in Braun, Ocker, Blaßgrün, in allen Farben hinsterbend, verbröckelnd, Dächer wie Flußläufe manchmal, wie Meerwellen fast. Giebel, die spitz zurück sich, vor- und ineinanderneigen, Häuser wie Schiffsbuge im Gäßchenstrom. Dünnes Vogelgezwitscher, Holunder, der Schatten glühender Geranienköpfe leicht bewegt im warmen Wind, der Schatten einer Schwalbe streift den Weg, der Schlag der nahen Turmuhr läßt mich fast zusammenzukken. »Grabenschütt«. Eine knapp vor Jahresfrist kaum sichtbar und trefflich instandgesetzte Mauer. So geht's also auch. Der Gefangenenturm, das Erlacher Tor, eine herzhaft gähnende Alte auf grellweißer Steinbank. »Do wird ma schlaaafri, wenn die Sunna so schö herscheint.« Und endlich sogar ein Wirtsgärtchen, wie unter ein einziges tiefes Lindendach halluziniert, etwas von Vogelstimmen, müdem Taubengurren umhängt, und an hellgedeckten Tischchen leuchtend dunkelrote Stühle, eng an eng gekuschelt, lauter kleine rote Träume, im Schatten da ankernd, »Gasthaus zum Stern«, das man auch innen betreten kann, ohne, wie anderwärts leider auch schon in Sulzfeld, auf Talmi zu stoßen, ein ganzes Hirschrudel gar, das einem, noch auf der Schwelle, in voller Lebensgröße so von der Wand entgegenstarrt, als sollte man nicht essen hier, sondern gefressen werden.

Doch das Unglück schreitet schnell, und selbst da bricht's herein: ein Ruderclub aus Tegel, Düsseldorf, aus Franken, dazu ein Redner, der fränkische Blutwurst empfiehlt, nicht, hebt er hervor, »mit andrer Blutwurst zu vergleichen, sondern rein fränkischer Art«.

»Solange es Schlachthöfe gibt, wird es auch Schlachtfelder geben.« Das darf man Tolstoi wohl glauben. Doch den Franken lange nicht alles. Und nichts mißfällt mir in Sulzbach so wie sein Kriegerdenkmal. Ruft es ja wirklich »den Lebenden zu, ahmt die Gefallenen nach!« Freilich, was demonstrierten Denkmäler meist, wenn nicht die Tatsache, daß die Menschheit nicht denkt! Neunundzwanzig Sulzfelder fielen im Ersten Weltkrieg – indes gleichzeitig, während des ganzen Gemetzels deutsche Firmen mit Wissen der deutschen Behörden auch die Feindmächte belieferten, manchmal viel billiger noch als die deutsche Heeresverwaltung. »Ahmt die Gefallenen nach!« Im Zweiten Weltkrieg starben dann auch mehr als dreimal soviel Sulzfelder. Und Deutschland wahrt Kontinuität; jedes Kriegerdenkmal weckt die Zuversicht auf ein neues. Politik & Co, altes Unternehmen zur Vernagelung von Holzköpfen und Särgen. Definierbar aber auch als eine Art des Gehens, die stets beim Mitgehn beginnt und oft durch Draufgehn endet. Im Kopf erlebt man auch im Westen selten ein Tauwetter. Nah dem Appell, die Toten nachzuahmen, die Inschrift: »Erleuchte uns, o Herr ...«

Eine andre Tafel fällt mir ein, im Turmcafé des Schwanbergs, auf dessen Terrasse man, baumübertrieben, verwunschen, wie in einem Vogelnest schwebt und doch eben auch wieder erinnert wird an das Glück, Deutscher zu sein, ein Landsmann von Julius Streicher: »Am Fuß des Schwanbergs liegt ein jüdischer Friedhof. Der Du hinunterblickst, gedenke der Menschen, die in den Jahren 1933–1945 ermordet wurden. Herr, erbarme dich unser.«

»Erleuchte uns, o Herr...«, »Herr, erbarme dich unser...« Aber wen der »Herr« erleuchtet, kann der sich überhaupt erbarmen? Oder hetzten nicht schon der erleuchtete Paulus, der erleuchtete Johannesevangelist und eine Fülle der erleuchtetsten Kirchenväter gegen die Juden? Cyprian, Ephräm, Ambrosius, Johannes Chrysostomos, Augustinus? Hat nicht auch der erleuchtete Luther verlangt: »Daß man ihre Synagogen oder Schulen mit Feuer anstecke... Daß man auch ihre Häuser desgleichen zerbreche und zerstöre... Daß man ihnen verbiete, bei uns öffentlich Gott zu loben, zu danken, zu beten, zu lehren, bei Verlust Leibes und Lebens«? Berief Streicher sich in Nürnberg nicht mit Recht darauf? Kam es im neunzehnten Jahrhundert, ausgehend von Würzburg, in Deutschland nicht zu umfangreichen Judenpogromen? Hieß nicht der Kampfruf: »Auf, wer getauft ist... Aller Juden Tod und Verderben, ihr müßt fliehen oder sterben«? Gingen die meisten Opfer eines gewaltsamen Todes nicht an kriminellen Schlagwörtern zugrunde? Und wurde nicht auch in Bamberg den Juden von Jahrhundert zu Jahrhundert das Leben verleidet oder unmöglich gemacht? Mindestens dreizehn verschiedene Steuern zählte ich, die Bambergs gute Hirten vom Spätmittelalter bis ins achtzehnte, teilweise neunzehnte Jahrhundert den Juden auferlegten. Und zeitweise trafen sie die Ausweisungsdekrete fast regelmäßig, nicht um sie, was auch vorkam, tatsächlich zu vertreiben, sondern um sie mehr schröpfen zu können. Noch im achtzehnten Jahrhundert gewährten Bamberger Bischöfe Juden Schutz nur, wenn sie Vermögen nachweisen konnten, in Bamberg selbst viertausend rheinische Gulden und auf dem Land mindestens tausend Reichstaler – Politik: die Kunst, für viele möglichst wenig und für wenige möglichst viel zu tun.

Nur grobe Andeutungen; weniger Grobes ergäbe Gröberes noch. Und nicht nur hinsichtlich Juden oder Hexen. Auch Pomp betreffend, Luxus, Heuchelei und Hurerei, Krieg und Streit gegen Adel, Städte, Domherrn, Klöster, Bürger, die eignen Schäfchen. Beim großen Bauernkrieg, eine der schlimmsten und folgenreichsten Niederlagen deutscher Geschichte, hat man in Bamberg, wo die Empörer selbst überhaupt kein Blut vergossen, auf dem Marktplatz zwölf oder dreizehn hingerichtet, hat man Hallstadt, als Sitz des Aufruhrs, niedergebrannt, in Würzburg, an einem Tag, sechsundsechzig geköpft, in Kitzingen fünfundsiebzig Anführern die Augen ausgestochen, dem großen Riemenschneider nach Folterung und Kerker Ämter und Ehren genommen, bei Königshofen a. d. Tauber lagen viertausend, zwei Tage später bei Sulzdorf, südlich Würzburg, fünftausend Bauernleichen. Rebellen gegen die Ordnung, kein Zweifel. Aber wer das Gesetz bricht, ist manchmal weniger kriminell, als wer es verbricht.

Doch wer denkt denn, geht er durch Bamberg, der Stadt meiner Geburt nebenbei – aber nicht nur für mich, für den Freigeist Avenarius schon, den Gründer des Kunstwarts, des Dürerbundes, Deutschlands schönste Stadt –, wer denkt denn, wenn er durch den Siebenhügel-Schatz streift, seine Brücken bewundert, versponnenen Plätzchen, die stillen Wege am Wasser, die Gassen um den Dom, wenn er vom Rosengarten zum Michelsberg, von der Unteren Brücke auf Klein-Venedig blickt, wer denkt da wohl daran, worauf all das beruht, was es gekostet, an Blut, an Tränen, Unrecht, Not?!

Wenigstens einer sei da genannt noch, ein Hochgestellter natürlich, ein Heiliger wieder, der Gründer des Bistums, Heinrich II.

Von mehreren Bischöfen und auf einer Domschule erzogen, später auch selbst Domherr in Paderborn, Straßburg, Magdeburg, Bamberg, gelangte Heinrich schon sehr am Rande der Legalität auf den Thron. Gleich danach verheerte er das Land des Herzogs von Schwaben, 1003 das des Markgrafen von Schweinfurt, dabei die »Festung Schweinfurt« durch den Würzburger Bischof, den Fuldaer Abt dem Erdboden beinah gleichmachend. 1004 führte er Krieg in Italien, äscherte Pavia ein und ließ die Bevölkerung massakrieren. Looshorn: »Die Größe des Gemetzels zu beschreiben ist unmöglich.« 1005 zog Heinrich gegen die Westfriesen, 1006, 1007 stellte er durch Verwüstung Flanderns die Ordnung her. 1008, 1009 bekriegte er Erzbischof Adalbero von Trier und Bischof Dietrich von Metz, die beiden Brüder seiner Gattin Kunigunde, heilig wie er. Alles wurde restlos ruiniert, sogar die Taktik der verbrannten Erde angewandt; was man an einheimischen Männern und Frauen nicht killte, erlag dem Hunger, der Pest.

Drei lange, immer verlustreichere Züge, lauter Angriffskriege, führte der Heilige zwischen 1004 und 1018 gegen das katholische Polen, maßgeblich unterstützt von den heidnischen Wenden, die ihm seine bischöflichen Schwäger schon attackieren halfen und deren Missionierung er ausdrücklich verbot. Im ersten Polenkrieg ließ er seine prominentesten slawischen Gegner in Wallersleben hängen; im zweiten, zeitweise unter dem Oberbefehl des Magdeburger Erzbischofs Walter geführt, vor allem durch die

Bischöfe von Halberstadt und Paderborn Schlesien zusammenschlagen; und den dritten Polenfeldzug bestritt Heinrich teilweise mit dem Großfürsten von Kiew – der erste gemeinsame deutsch-russische Überfall auf das Land, der bisher letzte erfolgte durch Hitler und Stalin. Die gefährlichsten Feinde eines Volkes sind meist seine Führer.

Das Bistum Bamberg gründete Heinrich, so sagte er am 1. November vor einer Kirchenversammlung in Frankfurt, weil er die Hoffnung auf Kinder aufgegeben und jetzt gleichsam Gott selbst zum Erben einsetze, was kirchlich seine »Josefs-Ehe« ergab, eine faustdicke Lüge. Das eigentliche Motiv aber klingt selbst im Protokoll der Synode an, daß nämlich »das Heidentum der Slawen vernichtet werden und der Name Christi dort für immer in feierlichem Andenken stehen soll ...«

Das Land um Bamberg, noch halb heidnisch und slawisch, hieß Radenzgau oder Slawenland. Und nun wurde, um das neue Bistum zu errichten, der Bischof von Würzburg von Heinrich belogen und gebietsmäßig schwer geschröpft, ebenso der Markgraf von Schweinfurt, dazu das heidnische Slawentum christianisiert oder vertrieben und ausgelöscht. Heinrich II. aber, der einen Krieg nach dem andern geführt, ja vom Zaun gebrochen, der rabiat die zahlreichen Priesterkinder, auch die 1012 erstmals in Deutschland erscheinenden Katharer sowie die Juden verfolgt hatte, die er aus Mainz jagen ließ, wurde auf Betreiben Bambergs durch Papst Eugen III., den Verbrecher des katastrophalen Zweiten Kreuzzugs, heiliggesprochen, weil er, laut Kanonisationsbulle vom 14. März 1146, »nicht nach Art eines Kaisers, sondern wie ein Geistesmann gelebt«.

Wer Geschichte liest, weiß oft nicht, soll er weinen oder lachen. Und auch wenn man auf dieser Welt nicht nur die Wahl hat, mit den Wölfen zu heulen oder mit den Schafen zu blöken, verschwinden doch, auf diese oder jene Weise, die Wölfe wie die Schafe, scheint aller Fortschritt wie der des blinden Pferdes in der Mühle, scheint die Geschichte im Krebsgang zu schreiten, von Metastase zu Metastase, von Fall zu Fall – erleben, erinnern, vergessen, vergessen werden, und man fragt sich manchmal: Wohin gehen wir eigentlich, und was bleibt? Sicher, der Main wird noch lang von Ost nach West fließen, aber weder Lyrik noch der Seelenretterspruch, es sei nie zu spät, jede Unruhe in uns beschwichtigen, noch auch der »wissenschaftliche Beweis unseres Weiterlebens nach dem Tode« des Maurice Henry etwa aus Saarbrücken, wonach wir dann eine »tönende, riechende und farbenprächtige Lichtgestalt« haben, »ganz dünn«, »ganz leicht und hohl« sind und nicht mehr »wie Gespenster von einem Zimmer in ein anderes« schreiten. O nein. Man wünscht, schreibt Mr. Henry, »und schon ist man am Ziel des Wunsches«.

Sie alle kennen solche Bücher, weltberühmte Bücher dieses Schlags sogar, wobei im Hinblick auf das Resultat die Unterschiede nicht sehr weltbewegend sind, wahrhaftig nicht. Und so ziehe ich meinerseits solch nach oben tendierenden Traktätchen eher Arbeiten mit etwas Tiefgang vor, sagen wir Untersuchungen von Archäologen, mit exakten Maßen und Lagebeschreibungen, wobei man dann ganz genau weiß, woran man ist: Grabfunde aus Mitteleuropa zum Beispiel, aus unseren Gegenden etwa, vor einem runden Jahrtausend.

»Grab 71/49

Grube 190 × 50 × 173 cm, orientiert WSW-ONO. Undeutliche Reste eines etwa 50jährigen Individuums. Ohne Beigaben.«

»Grab 292/51

... Vom Skelett eines Mannes erhielt sich nicht die

geringste Spur. Nur am Platz der linken Hand lag ein Feuerstahl mit Feuerstein ...«

»Grab 102/49

... Das Kinderskelett hinterließ überhaupt keine Spur. Am Boden des Grabes lag nur ein Messer und unweit davon ein Gefäß ...«

»Hügelgrab XI

... auf dem Niveau in der Mitte eine eiserne Sichel, vollständig und schön erhalten. Sonst wurde nichts beobachtet.«

»Hügelgrab XVI

lag etwas entfernt vom gemeinsamen Gräberfeld. Es wurde mit einem Graben von 2 m Weite und 1,5 m Tiefe durchgraben. Ohne Funde.«

»Hügelgrab X

... Es wurde mit einem 2,75 m tiefen Graben durchgraben, aber ohne Ergebnis.«

»Hügelgrab II

... war kleiner und reichlich mit Gebüsch bewachsen. Es war leer.«

Vielleicht, meine Damen und Herren, erblickt mancher von Ihnen selbst in solchen Untersuchungen keine ausreichende Lebenshilfe, obwohl ich selbst es nicht tragisch finde, daß von der Weltgeschichte, wie sie bisher verlief, nichts bleibt; tragisch wäre es umgekehrt. Ja, vielleicht bezweifelt der eine oder andere das Sinnvolle solch gelehrter Forschung überhaupt. Aber halten Sie es für sehr viel sinnvoller, daß unsre Industrie und alles, was uns weise lenkt und leitet, inzwischen schon – nur unsrer Sicherheit wegen! – so viel Sprengstoff angehäuft hat, daß auf jeden Einwohner Mitteleuropas (ich weiß jetzt nicht mehr, las ich) sechzig Zentner oder sechzig Tonnen Sprengstoff treffen. Sollten wir es – mit vereinten Kräften, mit konzertierter Aktion, entsprechender Unternehmerinitiative und entsprechender Gewerkschaftspolitik (Erhaltung der Arbeitsplätze!) – noch auf sechshundert Zentner oder sechshundert Tonnen Sprengstoff pro Mitteleuropäer bringen, und wo ein Wille ist, ist auch ein Weg, könnte es uns, mit etwas Glück, vielleicht allen ergehn wie jenem Mann, von dem eben die Zeitungen schrieben, er sei bei einer Explosion an seinem Arbeitsplatz der Dynamit Nobel AG in Hessen getötet worden, gelte offiziell aber als vermißt, »da die Explosion keine Spur des Verunglückten hinterließ«.

Ohne Funde ... Ohne Ergebnis ... leer ...

Doch selbst wenn nicht Mitteleuropa nur und Franken, sein Herz – und auf das Herz zielt man ja, das wissen alle Jäger, immer zuerst –, sondern wenn die ganze Welt unterginge – und die Menschheit ist heute ja so fortschrittlich, daß ihr letzter Schrei noch dem Segen der Technik gilt, mit dem sie zur Hölle fährt –, wäre das nicht so schlimm, wie einige böse Pazifisten glauben. »Denn«, versichert ein so frommer Mann wie Pater Gundlach S. J., einst Rektor der Päpstlichen Universität in Rom und rechte Hand des Heiligen Vaters bei der Darlegung von dessen Lehre zum Atomkrieg, »denn wir haben erstens sichere Gewißheit, daß die Welt nicht ewig dauert, und zweitens haben wir nicht die Verantwortung für das Ende der Welt. Wir können dann sagen, daß Gott der Herr, der uns durch seine Vorsehung in eine solche Situation hineingeführt hat oder hineinkommen ließ, wo wir dieses Treuebekenntnis zu seiner Ordnung (!) ablegen müssen, dann auch die Verantwortung übernimmt.«

Da ist sie also wieder: Ordnung, segensreiche Himmelstochter, der Merowinger, Karolinger, des heiligen Karl, des heiligen Heinrich und ungezählter anderer heiliger und fast heiliger Halsabschneider davor, dazwischen und danach. Schon die Kriegsschiffe des Kaisers Heraklios zeigten Madonnenbilder am Bug. Massenmörder wie Chlodwig, Karl

Martell, Karl »der Große«, Cortés, Tilly und viele mehr waren innige Marienverehrer. »Prinz Eugen trug immer seinen Rosenkranz neben dem Schwerte«, lese ich, mit Imprimatur. 1914 begleiteten Bamberger Pfarrer im Ornat die Soldaten und schwenkten in das Hurra und »Deutschland, Deutschland über alles« ihre Kirchenfahnen. Gottvertrauen! Der bayerische Feldbischof Faulhaber nannte damals, da die Theologen im Krieg »eine Erziehung zum Christentum« sahen und riefen »Vater unser, vergieb uns jede Kugel, die nicht trifft« (nicht einer, zehn: Tausende!), denn je mehr Menschen den Kopf verlieren, desto größer stets der geschichtliche Augenblick – der nachmalige Kardinal Faulhaber nannte damals selbst »die Kanonen des Krieges ... Sprachrohre der rufenden Gnade«. Und war's nicht der Würzburger Bischof, der noch im Januar 1945 seinen Diözesanen zurief: »Stellt euch auf die Seite der staatlichen Ordnung!« (Ordnung wieder!) »Erfüllet gerade in Notzeiten eure Pflichten gegen das Vaterland! ... Im Opfer wirket ihr euer Heil.« Und der Bamberger Bischof um dieselbe Zeit: »Wenn Armeen von Soldaten kämpfen, dann muß eine Armee von Betern hinter der Front stehen«, und verlangte »*heißes* Gebet ... in dieser Stunde höchster Anspannungen«. Wie der Priester doch, was er im Mutterschoß schützt, flammend preisgibt im Krieg; als sammle er in Weiberbäuchen Kanonenfutter! Und war's nicht der stellvertretende Armeebischof Hitlers, Georg Werthmann, ein Bamberger doch auch, und nachher in derselben Funktion wieder in der Bundeswehr tätig, der noch 1945 schrie: »Vorwärts, christliche Soldaten, auf dem Weg zum Sieg!«

Gottvertrauen! Denn wird auch gewiß manchmal noch heißer, viel heißer sogar gegessen als gekocht: Es gibt nicht nur Franken, Mitteleuropa und Europa allein. Es gibt auch Leute, und gerade die, auf die's ankommt, die Atombunker und Konten diesseits wie jenseits der Meere und ihre Flugzeuge immer startklar haben.

Und überhaupt, ich stand da wieder mal an einem der Schlößchen meines Großvaters oder richtiger: dort, wo eines stand, denn 1945 feierten Amerikaner darin eine Siegesparty (einer siegt ja meistens; es gibt allerdings auch ungewöhnliche Fälle!), kurz, fast der ganze Kasten dabei abgebrannt, 'n cleverer Bauunternehmer, 'n bißchen kalkuliert: Bodenpreise, Arbeitslöhne, Abschreibungen, kauft die Klitsche, Steine an die Forstverwaltung, pflastert damit Waldwege – alles sinnvoll, wissen Sie. 'ne kleine Villa für den Unternehmer selbst und für 'n paar andere Bausparverträge, Darlehen, Vermietungen, da und dort noch ein paar weitere Villchen in den Park, ja, und neues Leben blüht aus den Ruinen. So meine ich. Realistisch.

Und darum: Anstoßen auf Franken – solang noch vorhanden, sei's der Wein oder das, worauf er wächst, sich freuen über jeden schönen Tag, der uns dem Tod näher bringt, konventionell noch oder schon atomar. Durch Franken fahren, an den schwingenden Sonnenufern, den sanftkurvigen, lieblichen Hängen des Mains, »... nimmer vergeß ich dich, / So fern ich wandre ...«, bald ein Weinberg im Wasser, bald die blaue Schulter eines Waldes, indes treuherzig die Zipfelhauben rotziegeliger Türmchen vorübernicken, alte Dächer wie von Holunder gestützt, die kastanienüberschütteten Mauern eines Herrschaftshauses, und dicht dahinter, unter fast wegknickenden Dächern, Verschrumpeltes, Verhutzeltes, Holzlegen und Backöfchen, blaue Blumen im Schoß alter Gartenzäune, wie zum Umarmen alles, tausendmal schöner als das Schloß davor. Armut, ja, ein großer Glanz von innen, und von

Jahrhundert zu Jahrhundert in den Arsch getreten. Wer keine Rolle spielt, spielt die schlimmste. Manchmal spült die Straße auf kleine Erhebungen, entrollt verflimmernd in immer weicheren Wellen die Welt, Hügel und Höhen in Wolken zerstäubend, Dörfer auf Goldblumenwiesen, struppelig vom warmen Wind geföont, und Apfelbäume, leicht und rosig, wie Flamingos stolzierend, nahe Pappeln, grüne Trompeten, in den Himmel stoßend – und ferne herausgebrütet aus Horizont und Dunst.

Ja, noch einmal vom sanft herabflügelnden Schwanberg schauen, vom Zabelstein, dem alten höckrigen Karpfenrücken drüben, wo das Turmholz so wild über den Wipfeln nach Hafen riecht, Meer – »und dort sind Schiffe, dort sind Schiffe ...« Noch einmal, so unbewegt, das Doppelleben der Fichten in den Weihern von Tretzendorf, wenn die Frühe weißflaggig durchs Tal weht, mit nebelverschlucktem Reiherschrei aus der Höhe. Noch einmal in der Grenzfeldeiche hocken, eingenistet in Vogelrufen, während langsam der Abend kommt, die Zeit entsummt wie aus Bienenrüsseln, das Gezirp der Grillen, leis wie Wassertropfen von den Feldern; lautlos, gleich winzigen Maschinchen, die webenden Pünktchen der Fliegen vor mir, alles ins Hirn sich müdet, der Jura versinkt, die Altenburg, das dünne Gebimmel über den Wäldern, immer verschwimmender, verschimmelter die Höhen, taubenblauer stets, blasser die Dämmerung, und immer weißer der Mond einschwingt über Schlaf hin und Gräbern.

Editorische Notiz

Die Beiträge dieses Bandes wurden bereits früher veröffentlicht; für diese Ausgabe wurden sie überarbeitet und teilweise ergänzt.

Erstveröffentlichung:

Vom Spessart: *Merian* 6/29 (1976)
Was Franken an den Himmel schreibt: Bayerischer Rundfunk, 26. 12. 1982
Dornröschenträume und Stallgeruch: *Merian* 3/36 (1983)
Dettelbach – Trauma meiner Kindheit: Bayerischer Rundfunk, 20. 10. 1974
Von Bamberg, wilden Enten und zahmen Heiligen: Bayerischer Rundfunk, 19. 9. 1982
Ebenso unwiderstehlich wie unausstehlich: Jean Paul und Max Stirner: *Merian* 2/29 (1976)
Die Fränkische Schweiz: *Merian* 7/40 (1987)
Die Haßberge: Bayerischer Rundfunk, 10. 6. 1984
Franken, mein Vaterland: Bayerischer Rundfunk, 28. 6. 1980